実話怪事記
怨み禍

真白 圭

竹書房
怪談
文庫

目次

代弁

いまから三十年ほど前、真由美さんが中学三年生だった頃の話である。

その日、真由美さんは昼休みに、教室で次の授業の予習をしていたという。
教壇に近い前方の席では、女子生徒が四人、楽しげに嬌声を上げている。
他に数名、教室内に男子生徒が屯《たむろ》っていたが、こちらは静かだった。
いつも通りの、穏やかな午後のひとときである。
すると突然、真由美さんは強い眠気を感じ、意識が遠くなってしまった。
どれくらい眠っていたのか、気がつくと周りを男子生徒に取り囲まれている。
「お前、大丈夫か?」
そう言って心配する男子の背後で、女子生徒らが怯えた顔をしている。
「えっ、どうゆうこと……? 私、どうかした?」
困惑して聞くと、「お前、男みたいな声で叫んでいたぞ」と男子が教えてくれた。
彼が言うには、真由美さんが突然立ち上がり、女生徒たちを指さして——

「ゆうかは、七年後に交通事故で死ぬ」

「ゆみこは、二十八歳で自殺する」

「きみえは病気になって、三十まで生きられない」

「かおりは火事で、二十年後に家族全員が焼け死ぬ」

と、一人ひとりに向かって、酷い悪口を浴びせたと言うのである。

だが、彼女にはまったく記憶がなく、またそんな暴言を吐く理由もなかった。

「私、慌てて彼女たちに謝ったんです。でも、怯えてしまって。四人の中でも、ゆみこちゃんとは特に仲が良かったんですが、それきり疎遠になってしまったんです」

その日を境に、真由美さんはクラスの中で浮いた存在になったらしい。

皆が気味悪がって、彼女を避けるようになったのである。

とくに四人の女生徒たちとは、中学を卒業するまで口を利くことはなかった。

その後は進路が分かれてしまい、彼女たちとは会えていない。

「でも最近、地元で暮らしている友達から、彼女たちのことを聞いたんです。もっとも、消息が聞けたのは、ふたりだけですけど」

四人のうち、ゆうかさんは実際に交通事故で亡くなっていた。

また、かおりさんの実家も、失火によって全焼していたのである。

その際、複数の死者が出たため、地元で大きなニュースになったらしい。

ただ、彼女らの亡くなった年齢が、真由美さんの予言通りだったのかは、知らない。

真由美さんも、敢えて調べるつもりはないという。

「でもね、多分当たっていると思うんですよ、あのとき私が吐いた予言って。と言うのもですね……だいぶ後になってから、知ったのですが」

あのとき、四人が教室でやっていたのは、〈こっくりさん〉だった。

彼女らは自分たちの将来について、こっくりさんに質問をしていたらしい。

「だから私……誰かに、代弁をさせられたような気がして」

少し青ざめた表情で、真由美さんは呟いた。

右折注意

つい先日、商談で面会した藤田さんから、体験談を聞かせて頂いた。

彼は大学生だった頃、山中湖周辺のペンションで働いたことがあるのだという。

夏休みを利用した、住み込みでの短期アルバイトだったそうだ。

「三十年も昔の話ですけどね。当時はバブル景気で、リゾート関係のバイトも多かったんですよ」

宿泊施設の清掃や、食堂での給仕が主な仕事の内容だったという。

ペンションを経営するオーナーは年齢が若く、職場も和気藹々《わきあいあい》としていた。

バイトを始めて半月ほどが経った、ある日のこと。

「藤田君さぁ、いまから峠にドリフトを見物しに行かない?」

仕事を終えたオーナーが、車のキーをじゃらじゃらと鳴らしながら誘ってきた。

時刻は夕食の片づけが終わった、夜の九時過ぎ。

聞くと、河口湖近くの峠道で、ドリフト走行をやっている連中がいるらしい。

所謂《いわゆる》、〈ドリフト族〉と呼ばれる集団であるが、当時からその手の暴走行為を見物しに行く観客も多かったようだ。

興味が湧いた藤田さんは「じゃあ、僕が運転しましょうか？」と気を使った。

普段から仕事でオーナーの車を借りていたので、運転には慣れていたのである。

だが、オーナーは取り合わず、無造作に運転席へと乗り込んだ。

「いいって、いいって。あの辺りは俺の地元だし、道もよく知っているからさ」

オーナーの言葉に甘え、藤田さんは助手席に乗せて貰うことにした。

そこから国道を四十分ほど走ると、やがて河口湖の湖畔が見えてきた。

湖畔に沿って暫く進むと、車は峠に繋がる坂道を上り始めた。

さすがにオーナーは付近の道路を熟知しているようで、運転に迷いがなかった。

上り坂の右側は崖になっており、道路際に生えた雑木の隙間から街の灯が見えた。

ふと前方に目を移すと、坂道の先で道路が右側に大きくカーブしている。

ほぼ直角に曲がる急激なカーブで、曲がり角の山肌はモルタルで固められていた。

が、徐々にカーブが近づくにつれて、藤田さんは（あれっ？）と訝《いぶか》しく思った。

オーナーが、まったく車のスピードを緩めないのである。

ハンドルを切ろうとする気配もなく、唯々直進を続けているのだ。

（あれっ……これって、曲がれるのか？）

心配になってオーナーの顔を覗き込むが、表情に変化はない。

愈々、モルタルの壁面が目前に迫ってきて――

「うわっ!!」と悲鳴を上げ、咄嗟に藤田さんは顔を両腕で庇《かば》った。

――が、何も起こらなかった。

山肌に追突した衝撃はなく、カーブを曲がるときの慣性も感じていない。

「おい、藤田……お前、どうした？」

オーナーが怪訝《けげん》そうな表情で、藤田さんを覗き込んでいる。

「えっ、ええっ！　あれぇっ!?」

藤田さんは驚いて周囲を見回したが、事故が起こった形跡はない。

先ほどと変わらずに、ふたりを乗せた車が坂道を上っているだけである。

「一体何が起こったのか、すぐには理解できませんでした。ほんの数秒前、目の前にカーブの曲がり角が迫ってきて……『もうダメだ』って、観念したばかりでしたから」

藤田さんは、先ほど目撃した出来事をオーナーに説明した。

するとオーナーは「あー、そういうことか」と、妙に納得したような物言いをする。

そして、路肩に車を停めると、上ってきた坂道をまっすぐに指さした。

「お前が言っている場所ってさぁ……転落事故がやたらと多いんだよ。ただの直線道路なのに、車がガードレールを越えて右側の崖に落っこちるんだ。それで、藤田さぁ、お前がカーブを見たって場所、制限速度が三十キロだったの、気づいたか？」

オーナーが言うには、坂道の登り口は速度制限が時速五十キロになっているらしい。それが上り坂の途中で時速四十キロとなり、先ほどの場所では三十キロにまで抑えられているのだという。

あまりに死亡事故が多いので、警察が法定速度を下げたのだと、オーナーが言った。

「次の日の昼間、あの坂道にもう一度行ってみたんです。やっぱり、右カーブなんて何処にもありませんでした。だから、あの日……もし、僕がオーナーの車を運転していたら、事故を起こして死んでいたかもしれないと思うんですよ」

ゴルフが趣味の藤田さんは、いまでも河口湖周辺に車で出掛けることがある。

富士五湖と呼ばれる一帯には、ゴルフ場が多いのである。

が、あの坂道だけは〈絶対に通らない〉と、藤田さんは断言した。

ソーシャル　ディスタンス

木村さんはとある有名企業で働いている、三十代後半の営業マンである。

連日遅くまで働き、着実に営業実績を伸ばしてきた彼なのだが、令和二年の春先、会社の命令で在宅勤務となった。

国内で、新型コロナウイルス流行の兆しが見え始めたからである。

他社に比べて相当に早い防疫対策だったというから、会社が外資系であることが影響したのかもしれない。

が、そのお陰で木村さんは、暇を持て余すようになった。

通勤がなくなり、顧客へ訪問もできないので、予想以上に時間が空いたのである。

そんな訳で木村さんは、毎晩のように繁華街へと繰り出すようになった。

政府が緊急事態宣言を発令する、直前の話である。

ある日の晩、行きつけのバーでグラスを傾けていると、後ろから声を掛けられた。

「木村さん、ご一緒していいですか？」

振り向くと、伊藤さんという同僚の若い女性社員が立っていた。
彼女は微笑《ほほえ》みながら、木村さんの返事も待たずに隣の席に腰を下ろしたという。
どうやら彼女も、暇を飽かして酒場に来たらしい。
断る理由もなく、木村さんは一緒に飲むことにした。
だが、小一時間も経った頃、伊藤さんが意外なことを言い出した。
「……よかったら、今晩、木村さんの家に泊めてくれませんか?」
木村さんに、現在つき合っている相手はいない。
(おっ、これはいけるかも)と内心色めき立ったが、どうも何かが引っ掛かる。
社内の噂で、伊藤さんには交際中の彼氏がいると聞いていたからだ。
第一、彼女とはそれほど親しい間柄でもない。
「泊めるのはいいけど……その前に、理由を説明してくれないかな?」
用心した木村さんは、一応、事情を聞いておくことにした。
以下は、伊藤さんがそのときに語った話である——

業務形態が在宅勤務になる、十日ほど前の夕方。
伊藤さんが会社からアパートに帰宅すると、部屋に彼氏が来ていた。

彼はダイニングに備えた四人掛けのテーブル席に座り、ニコニコと笑っている。

「あら、来てたの？　先に言ってくれればいいのに」

彼氏には部屋の合い鍵を渡してあるので、自由に出入りして貰っても構わない。

ただ、先に連絡してくれれば料理が用意できたのに、と残念に思う。

「でも、うちに来るの、久しぶりだよね。いま夕飯作るから、ちょっと待っていて」

そう言うと、伊藤さんは部屋着に着替えるために寝室へ向かった。

考えてみれば、ここ二週間ほど彼氏とは会えていなかった。

彼は多忙な上に家が離れているので、普段は一緒の時間が持てないのである。

そんな事情もあって、伊藤さんは彼氏の来訪を素直に嬉しいと思った。

と、――着替えている最中、スマートフォンが鳴った。

画面には、彼氏のお母さんの名前が表示されている。

「夜分、御免なさいね。もしかして、そちらにうちの息子が行ってないかしら？」

すでに御両親には挨拶を済ませていて、時々連絡も取り合っている。

そのため直接電話を貰っても驚きはしないが、いつもよりもお母さんの声が低く、
少し慎重な物言いをしていることが気になった。

「あ、はい、来ていますよ。いま電話を代わりますね」

伊藤さんは急いで着替えを終わらせると、ダイニングへと引き返した。

だが、そこに彼氏の姿はなかった。

（あれ、変ね？）とトイレや風呂場を覗いてみたが、やはり何処にもいない。

「すみません、ついさっきまで部屋にいたのですが……何か用事ができたのかしら？

急に帰っちゃったみたいで」

そう伝えると、彼氏のお母さんは「じゃあ、こちらで探しますから」と、早々に通話を切ってしまった。

伊藤さんも何度か電話を掛けてみたが、その晩は彼氏と連絡が取れなかった。


彼氏から電話が折り返されたのは、翌日の昼過ぎになってからだった。

「昨日、電話に出れなくてごめんっ！」

繋いだ途端に、彼氏から謝られた。

別に怒ってなどいないが、聞きたいことが幾つかあった。

「どうしたの？　昨日の晩、お母さんからも電話があったのよ」

「いや、ちょっと不味いことになってさ。実家にも伝えておいたけど……これから暫く、仕事を休まなくちゃいけないんだ」

「えっ、それって……どういうこと？」

驚いて聞き返した伊藤さんに、彼氏は事情を説明してくれた。

——昨日の夕方のこと。

彼氏のお兄さんが救急搬送されたと、勤め先から実家に連絡があったそうだ。

職場で働いている最中、お兄さんが突然、意識を失ったというのである。

元々、彼氏のお兄さんは喘息の持病を持っており、過去にも仕事中、昏倒して病院に運ばれたことがあったらしい。

が、今回は時期が時期である。

お兄さんはコロナの感染を疑われ、一時的に隔離病棟へ入院することになった。

「で、俺さ、母さんに頼まれて、兄貴が運ばれた病院へ見舞いに行ってきたんだけど……そこで医者から、俺も感染している可能性があるって言われたんだ」

と言うのも、彼氏は数日前、お兄さんと一緒に食事をしていたのである。

そのため、お兄さんが検査で陰性と判明するまでは、人との接触を控えるようにと忠告されたらしい。

だが、その話を聞いた伊藤さんは（おかしい）と思った。

たったいま彼氏が語ってくれた話は、すべて昨日の出来事である。

しかし、伊藤さんは昨日の夜、間違いなく自室で彼氏と会っていたのだ。

それにも拘《かかわ》らず、彼氏はその時間、お兄さんを見舞っていたと言うのである。

「……昨日って、うちに来たりしてないよね？」

疑問に思った伊藤さんは彼氏に訊ねてみたが、ただ呆れられただけだった。

結局、どうにも腑に落ちないまま、話はそこで終わった。


だが、その翌々日、再び彼氏が伊藤さんの部屋に現れた。

伊藤さんが帰宅をすると、自然な様子でダイニングに座っていたのだという。

訝しんで声を掛けてみたが、にこにこと笑うだけで返事は返ってこない。

もちろん容姿は彼氏そのものではあるが、どうも何かおかしい。

試しに伊藤さんはアパートの外廊下に出て、彼氏のスマホに電話を掛けてみた。

すると、すぐに彼氏が電話に出てくれた。

「あの……ちょっと変なこと聞くんだけど、いま自分の家にいるんだよね？」

おずおずと伊藤さんが訊ねると、彼氏は「外出なんかできないよ」と即答した。

（だったら、部屋にいるのは誰？）と、慌ててダイニングへと引き返してみる。

今度も、彼氏はいなくなっていた。

さすがにゾッとしたが、一旦落ち着いて慎重に考えてみた。

（あれって……彼の生霊なのかもしれない。もしかしたら、私に会えないのが寂しくて、無意識に生霊が会いに来ているんじゃないかしら？）

そう考えると、さほど怖いとも思えなくなった。

何より容姿が彼氏と寸分違わないので、恐れる必要がないのである。

そして、彼氏の生霊は――その後、毎晩のように現れるようになった。

夕飯の支度をしていると、いつの間にか四人掛けのテーブル席に座っている。

場所も決まっていて、伊藤さんと真向かいになる席にしか現れなかった。

ただ、いくら伊藤さんが話し掛けても、生霊はひと言も喋らない。

もちろん食事もせず、席から立ち上がることもなかった。

（でも……本人じゃないなら、コロナの心配はないよね？）

彼氏の生霊はダイニングの照明を落とすのと同時に、必ず姿を消したという。

そのため彼女は就寝までのひとときを、却って楽しむようになったのである。

世間では日毎にコロナの感染者が増え続け、益々彼氏とは会い難くなっていた。

彼女の会社が在宅勤務になったのも、その頃だった。

そして、彼女がすっかりその生活に慣れた、ある晩のこと。
生霊と向かい合わせの食事を終えて、就寝の支度をしようかと席を立った。
食器を台所に片付けて、ダイニングの照明を落とした。
が、その瞬間、強烈な違和感を覚えた。
いつもなら電気を消すのと同時に、彼氏の生霊も消えるはずだった。
だが、なぜかいまは、生霊の影が濃いままなのだ。
——それだけではない。
四人掛けテーブルの、残りの二席にも濃厚に人影が蟠《わだかま》っている。
「えっ、なんで、影が増えているの……？」
驚いた伊藤さんは、慌ててダイニングの照明を点け直した。
すると、ダイニングのテーブル席に三人が座っていた。
ひとりは、彼氏の生霊だが——
残りのふたりは、伊藤さんの「元カレ」と、それより前の「元々カレ」だった。
現在と過去の彼氏三人が、ひとつのテーブルを囲んで座っているのである。
が、元カレふたりが、亡くなったとは聞いていない。
三人は黙ったまま、唯々〈にこにこ〉と笑っているだけだった。

「それで私怖くなって、いまさっきアパートを飛び出してきたんです。そんな訳なので、申し訳ないんですけど……木村さん、今晩泊めてくれませんか?」

そう言うと伊藤さんは、まっすぐに木村さんの顔を見詰めてくる。

その瞳には、明らかに怯えの色が浮んでいた。

「……よしっ、決めた!　今夜は奢るから、朝までとことん飲もうっ!」

答えに窮した木村さんは、咄嗟に代替案を捻り出した。

三人もの生霊に取り憑かれた女を、家に連れ込むのは嫌だったのである。

翌朝、二日酔いになった木村さんは、在宅勤務を休むことにした。

その後、三人分の生霊がどうなったのか、まだ伊藤さんには聞けていない。

渋り腹

昨年の初秋、取引先の商社に勤める小林さんと商談をした。

場所は、新宿駅近くにあるレンタル会議室の一室。

元々、先方の会議室を使う予定だったが、急に面会場所が変更となったのである。

「昨日、別のフロアに入っている会社が、コロナの感染者を出しましてね。暫く、ビル全体が立ち入り禁止になったんです。それで急遽、場所を替えさせて頂きました」

そう言って、頭を下げた小林さんの顔色が悪い。

マスク越しではあるが、以前面会したときよりも、やつれた印象がある。

「体調は如何《いかが》ですか？　少し、お痩せになられたようですが……」

商談が終わった後、僭越ながら訊ねてみた。

「実は三ヵ月ほど前に、会社でちょっと妙なことがありまして……それが原因かはわかりませんが、それ以来どうも体調が優れないんですよ」

そう言うと、彼はこんな話をしてくれた。

昨年の春のこと。

その日、当番だった小林さんは、ひとりで電話番をしていたそうだ。

他の社員は自宅でテレワーク中のため、事務所には誰もいない。

「順番で社員のひとりが、電話番をやる決まりになっていたんですよ。ほら、クラスターがどうだのって、やたら世間の目が厳しかった時期があったでしょう?」

時折掛かってくる電話に対応しつつ、小林さんは書類仕事を片付けていたという。

が、どうも腹の具合がおかしい。

いわゆる〈渋《しぶ》り腹〉という奴で、トイレに行ってもすっきりしないのだ。

時刻は、午後二時過ぎ。

昼休みにも用足ししたばかりだが、小林さんは再びトイレへ行くことにした。

だが、男子用トイレの扉を開けると、中に人がいた。

清掃員のおばさんが、洗面台の掃除をしていたのである。

「掃除中に個室を使うのは嫌だし、おばちゃんに『ちょっと、出ていてくれ』と頼むのも気が引けて……仕方ないから、別の階のトイレを借りようと思ったんです」

小林さんが勤める会社は、四階建てオフィスビルの一階に間借りしている。

別の階にも共用のトイレがあるので、掃除が終わるのを待つ必要はなかった。

しかし、二階のトイレも清掃中だった。
こちらでも清掃のおばさんが、入り口に背を向けて洗面台を拭いていたのである。
ならばと、三階、四階のトイレに行ってみたが、同じだった。
やはり、清掃中なのである。
「一度に全部の階のトイレを掃除するなんて、そんな馬鹿なことってないでしょ？
当然、文句のひとつも言ってやりたくなったんですが」
もっとも渋り腹の具合は、緊急事態と言えるほど切羽詰まっていない。
少し待てば掃除も終わると考えて、一旦事務所に戻ることにした。
閑散とした廊下を歩くと、まるで自分が休日出勤しているような気分になる。
どうやら、他所の会社でも在宅勤務者が多いらしい。
――二十分ほど待ってからトイレに行くと、まだ掃除は終わっていなかった。
さすがに腹が立ち、小林さんは清掃会社に直接苦情を入れることにした。
以前、賃貸事務所の共益費負担について、管理会社と交渉をしたことがある。
その際に、清掃委託先の電話番号を聞いておいたのだ。
早速、事務所から電話を掛け、清掃会社の相談窓口に苦情を申し立てた。
が、先方は「清掃員に繫ぎます」とだけ言い、そのまま電話を転送してしまった。

「すみません～。いまね、一階に下りるから、廊下で待っていてください」

どうやら、電話の相手は上の階にいるらしい。

二度手間だと舌打ちしながら廊下に出ると、清掃員のおばさんが階段を下りてきた。

清掃作業中だったのか、頭には三角巾を着けたままである。

「仕事の邪魔をして悪いけど……いつまでもトイレが使えないと、困るんですよ」

小林さんはこれまでの経緯を説明し、文句を言った。

だが、おばさんは首を傾げて、困惑したような表情を浮かべる。

「変ねぇ？　ここのビル、担当は私だけなんだけど……」

「そんな馬鹿な」と反論したが、言われてみると何かがおかしい。

四階しかないビルのトイレ掃除に、四人も清掃員が派遣されているのである。

普通に考えて、あまりに人数が多すぎるのだ。

「とにかく行ってみましょう。会社の手違いかもしれませんし」

おばさんに促され、小林さんは一階のトイレを見に行くことにした。

渋り腹はじりじりと重苦しくなっており、それほど悠長に構えていられない。

小林さんが先に立ち、トイレのドアを押し開けた。

すると、やはり清掃員のおばさんが背を向けて洗面台を拭いている。

「ほら、まだ掃除中じゃないですかっ！」

そう言って、背後を振り向くと――

誰もいなかった。

ついさっき会話を交わしていたおばさんが消え、廊下が無人になっていたのだ。

訝しく思い、再びトイレのドアを開けると、今度は洗面台に清掃員がいない。

（あれっ、どういう……？）

唖然として視線を上げると、化粧鏡にさっきのおばさんの姿が見えた。

が、化粧鏡に映っているのではない。

洗面台の前には誰もいないのに、鏡の中にだけ、あのおばさんが〈いる〉のである。

「まるで鏡の向こう側の世界に入り込んだみたいに、おばさんがこっち向いて、笑っていたんですよ。それになぜか……僕自身の姿は、鏡に映っていませんでした」

その後のことを、小林さんはよく覚えていない。

気がつくと事務所にいて、鳴り続ける電話をぼんやりと眺めていたと言うのである。

不思議なことに、渋り腹も治まっていたらしい。

「それで、理由はわからないのですが……その日から、何だか体調が悪いんですよ。

妙に身体がだるくて、食欲も落ちてしまって」

聞くと、近い内に精密検査を受けるつもりらしい。

だが、この時節に病院へ行くのも躊躇《ためら》われ、ずるずると今日まで至っている。

その上、病院へ行くと決めた日に限って、外せない仕事が入ったりもする。

そんなことが重なり、どうにも儘《まま》ならないのだ。

「運が悪いって言えば、それ迄ですが……何となく、あのときのおばさんと関係があるように思えて、すごく嫌なんですよ」

そう言う小林さんの顔色が、酷く青ざめて見えた。


それから暫くして、取引先の商社から「担当の小林が異動となり、別の営業の人員と交代する」との連絡を頂いた。

取引先の担当が代わること自体は珍しくないが、どうにも唐突な印象がある。

先日の面会で、人事異動について言及がなかったからだ。

こちらからも本人に挨拶のメールを入れてはいるが、いまのところ返信はない。

青鬼

一昨年の春先、友人の香織さんと中華料理屋で会食したときのことである。

他愛ない会話をしながら料理を箸で突いていると、彼女が突然「あっ！」と言ったきり、黙り込んでしまった。

軽く頭を押さえ、視線も在らぬ方を見詰めている。

心配になり、どうしたのかと訊ねると、ぽつりぽつりとこんなことを言った。

「ちょっとね……いま、急に嫌なことを思い出しちゃって」


当時、香織さんは都内にある分譲マンションで、妹さんと同居していた。

ダイニングと寝室が一列に繋がった間取りの二ＤＫで、寝室のサッシ窓の向こう側には、ベランダが設えられていたという。

割と広いベランダで、洗濯物を干すのに重宝していたそうだ。

数日前の、ある晴れた休日のこと。

彼女はベランダで、布団を天日干しにしていたという。

天気が良いうちに、できるだけ太陽の光を吸わせようと思いついたのである。

物干し竿に布団を吊るし、叩いて埃《ほこり》を掃《はら》おうとした――そのとき。

ふと視線を向けた部屋の中に、人の姿が見えた。

白い着物を着た人影が、玄関の方からこちらに向かって歩いている。

が、その日、部屋にいたのは香織さんだけである。

（えっ、誰っ……？）

思わずベランダから部屋に入ろうとして、足が止まった。

そいつは、鬼だった。

太い血管の浮いた憤怒の形相に、短い角が額から二本生えていたのである。

顔の皮膚だけが青い鬼で、酷く禍々《まがまが》しい顔貌をしていた。

その鬼はダイニングをまっすぐ歩くと、直角に曲がってバスルームへ入っていった。

それっきり姿を見せなかったが、いつまでも放っておくことはできない。

香織さんは意を決し、部屋に入ってすぐさまバスルームを覗いてみたが、誰もいなかったという。

話を終えると、香織さんは深い溜息を吐いた。

まるで溜息の中に、彼女の心痛が滲み出してくるかのようである。
その理由は、すでに聞いていた。
香織さんが一緒に住んでいる、妹の理恵さんのことである。
半年ほど前になるが、病院の検査で理恵さんの子宮に腫瘍が見つかった。
幸いにも、悪性ではない。
だが放置をすれば、癌に変異する可能性が高いと診断されているのである。
そのため当時は、投薬を続けながら腫瘍の摘出手術を待っている状態だったのだ。
(こんなときに、部屋の中で鬼を見るなんて……確かに、縁起が悪いな)
そうは思ったが、だからと言って何かができる訳ではない。

そのときは、唯々理恵さんの回復を願うばかりだった。

青鬼　後日談

前話「青鬼」の執筆より約一年が過ぎ、今度は妹の理恵さんから話が聞けた。


昨年の初夏のこと。

理恵さんの腫瘍摘出手術が、成功裏に終わった。

幸運なことに投薬で腫瘍が縮小したため、摘出手術を受けることができたのである。

手術後の経過も良好で、休職していた仕事にも早晩復帰できるのだという。

それと前後して、同居していた姉の香織さんが、部屋から出て行くことになった。

「姉さん、元々は都内にある実家で暮らしていたんだけど……『理恵のことが心配だから』って、一緒に住んでくれていたのね」

妹の病状が回復したのを見て、香織さんは実家に戻ることにしたのである。

そのため理恵さんは、再び二ＤＫの部屋にひとりで暮らすことになった。


普段の生活に戻り、ひと月が経った頃。

理恵さんは、あることに気がついた。

仕事から戻ると、出掛けに触った覚えのないテレビのリモコンが、ベッドの上に置かれていたのである。

ただそれだけの出来事ではあったが、漠然《ばくぜん》とした胸騒ぎを覚えた。

「私、自分で言うのも何だけど、凄く几帳面な性格なんです。小物とかが定位置に置かれていないのは嫌で……リモコンは、テレビ台に置くことにしていたから」

その他にも、幾つか気になることがあった。

テーブルに置いた箸立ての位置がずれていたり、サイドボードのティッシュ箱が床に落ちていたりするのである。

それでも、香織さんが同居していた頃は（また、姉さんが）と、気にもしなかった。

だが、いまは違う。

ひとり暮らしなので、他人の不法侵入を疑わなければならないのだ。

「最初は、空き巣かなって思ったんです。留守の間に、泥棒に入られたんじゃないかって。でも、物が盗まれたりはしていないから……」

変質者が留守中に忍び込んでいるのではないかと、余計に心配となった。

しかし、どんな方法で侵入されたのかはわからない。

警察に相談しようかとも思ったが、考えてみれば証拠はないのである。

「でも、気持ちが悪いし……このままにはできないと思って。私が留守の間に、何か部屋の状況を記録する方法はないかって考えたんです」

そこで理恵さんは、戸棚の隅にボイスレコーダーを置くことに決めた。

防犯カメラを設置するのは手間が掛かるが、録音だけならレコーダーで十分である。

朝、部屋を出る前にスイッチを入れて、帰宅するまでつけっぱなしにした。

その日の晩、理恵さんは録音した音源を早速聴いてみた。

ベッドに寝転がり、ボイスレコーダーを再生する。

イヤホンから、聞こえてきたのは――

マンション前の国道を走る、微かな自動車の走行音。

時折、遠くの建設現場から、重機が鳴らす騒音も響いてくる。

冷蔵庫の駆動音だろうか、低い音が〈ブゥン〉と鳴った。

やはり、イヤホンから聞き取れるのは、他愛のない日常の雑音だけである。

それでも、念のため最後まで聞いてみようと、何度か早送りを繰り返してみた。

――と、突然イヤホンが無音になった。

ノイズさえ聞こえない、鼓膜が吸い込まれるような静寂。

録音が終わったのかとレコーダーを確認したが、再生は続いている。

(壊れたのかしら?)と電源を切ろうとして、指が止まった。

イヤホンから〈べちゃっ〉と、音が鳴った。

濡れ雑巾を床に落としたような、妙に湿った音である。

無音の中、更に〈べちゃっ、べちゃっ〉と音が響き——

この音が、誰かがフローリングを歩き回る足音なのだと気がついた。

「怖くなって、咄嗟にレコーダーの電源を切ったんです。でも、その録音って不法侵入の証拠じゃないですか。だから、もう一度聞き直してみたんですけど……」

なぜか、あの〈べちゃっ〉という湿った音を探し出すことができない。

何度聞き直してみても、日常で聞こえる雑音しか録音されていないのである。

「で、次の日に、姉さんに相談してみたんです。そしたら姉さん、『去年、部屋の中で青鬼を見た』って、初めて教えてくれて……」

どうやら姉の香織さんは、妹が余計な心配をしないように黙っていたらしい。

現在、理恵さんはその部屋を引っ越し、別の場所で暮らしている。

雲長

冬のレジャーのひとつに、山スキーというものがある。

一般的なスキーのように、スキー場にあるゲレンデを滑走するスポーツではない。

スキー板を使って自然の雪山を移動する、一種の冬山登山なのである。

昭和三十年代、国内に数多のスキー場が整備されるまでは、スキーと言えばこの山スキーを指していたそうだ。

つい先日取材をした堀内さんは、昔から山スキーを趣味にしている男性だった。

国内だけでは飽き足らず、海外にまで遠征するほどの上級者だという。

「それでも、冬の雪山に登るときは用心しているよ。最近じゃ、バックカントリーなんかも流行《はや》っているけど……十分に下調べをしておかないと、結構危ないんだ」

そう言って堀内さんは、こんな話をしてくれた。


いまから四十年近くも昔の話である。

堀内さんは友人の田中さんとふたりで、東北のとある山岳地帯へ出掛けたそうだ。

時期は、積雪の深い厳冬期。

雪質の硬い春先と違って、良質なパウダースノーが楽しめる季節である。

「特に日本の雪山は、雪質が格別でね。まるでふわふわとした雲の上を、飛んでいるみたいな感覚が味わえるんだ。ただ……当時は、俺もまだ経験が浅かったからさ」

この年の山スキーで、堀内さんたちはミスを犯した。

雪山を登攀《とうはん》するルート設定と、天候の読みが甘かったのである。

当初に組んでいた計画は、こうだ。

前日、山の中腹にある山小屋で一泊し、早朝から登攀を開始する。

尾根伝いに雪山を登り、山頂を踏破した後、スキーで雪面を滑降するのである。

順調にいけば、四、五時間で山向こうの温泉宿場に到着する計画だった。

が、そうはいかなかった。

朝方は快晴だった空が、尾根を半分ほど登ったところで愚図《ぐず》りだしたのだ。

やがて雪が降り始め、あっという間に吹雪《ふぶ》いてしまった。

「その状態だと、尾根伝いに山頂へ進むのが難しくてね。そうかと言って、引き返すと時間が掛かり過ぎるし……仕方ないから、一番近くにある麓の村までスキーで降りることに決めたんだ」

だがそこで、もうひとつの大きな問題が発生した。

幾ら地形図を見ても、村落のある方角が正確には把握できなかったのである。

「予《あらかじ》め夏場に同じ山で、地形を調べるためのトレッキングをしていたんだよ。ただ、その年は予想以上に雪が積もってね、谷間の形状が大きく変わってしまったんだ」

目印となる山林が雪に埋没し、山腹の窪地も平らになっていた。

その上、吹雪が更に勢いを増して、益々視界は狭くなる一方だった。

この状況で下手に雪面を降りれば、村落がある方向を見誤ってしまうかもしれない。

だが、いつまでも尾根に留まっている訳にはいかない。

他に選択肢もなく、堀内さんたちは一か八かの賭けに出ることにした。

「もし、方向を間違えたら、遭難するかもしれないと覚悟したよ」

友人の田中さんが先に滑り、堀内さんがその後ろを追うことになった。

お互いに姿を見失わないよう、つかず離れずに距離を保っての滑降である。

雪面を慎重に降り続けると、やがて山裾野へと入り込んでいく。

吹雪は止むことを知らず、視界が開ける気配はない。

山麓を進むにつれ、凍りついた針葉樹が雪原に屹立《きつりつ》し始めた。

と、――そのとき、堀内さんの視界に奇異なものが映った。

灰色に滲《にじ》む吹雪の向こう、凛冽《りんれつ》とした針葉樹の木立に人が立っていたのだ。

その人は、白い薄手の着物を纏った、長い黒髪の女性に見えた。

雪が降り注ぐ中、その女は片腕をまっすぐ横に伸ばし――

傾斜の先、索漠《さくばく》とした雪原の一方向に指をさした。

その瞬間に堀内さんは（地元の人が道を教えてくれた）と、強く信じ込んだ。

見ると、先を滑る田中さんも、示された方角に進路を変えている。

「一瞬、スキーを止めて、あの人にきちんと道を聞くべきじゃないかと考えたんだよ。でも、田中は滑り続けていてね……あいつを見失う訳にはいかなかったから」

感謝を伝えることもできず、そのまま雪原を滑走した。

暫くして麓の村が見え始めると、漸《ようや》く〈ほっ〉と胸を撫で下ろすことができた。

寸でのところで、堀内さんたちは遭難の危機を脱したのである。

「その後、村の人たちに助けて貰ってね。民家でストーブに当たらせて貰ったんだけど……そのときに（あの女性は、何者なんだ?）って、改めて思ったんだ」

無我夢中で気づかなかったが、考えてみれば真冬の雪山に人がいるはずはない。

それも、薄手の着物ひとつである。

だとすると、あれは〈雪女〉だったのでは――

堀内さんの脳裏にある女の姿は、昔話に出てくる雪女そのものだったのである。

「だから、田中に聞いてみたんだよ。『俺たちを助けてくれた女性は、雪女じゃなかったか?』って。そしたら『絶対に違う』って言い張ってね。理由を聞いたら……」

――アイツ、関羽《かんう》みたいな髭《ひげ》を生やしていたぜ。

そう言って、田中さんは顔を顰《しか》めた。

関羽とは三国志に登場する、かの有名な武将のことである。

彼の説明によると、あの雪女は長く黒々とした顎鬚を蓄えていたらしいのだ。

「でも、あのとき道を教えて貰わなかったら、俺たちは遭難していたと思うんだよ。だから俺らは……顎髭を生やした雪女に命を救われたのさ」

そう言うと、堀内さんは呵々《かか》と笑った。

キャビンアテンダント

以前、国内線のキャビン《C》アテンダント《A》の方に取材をさせて頂いた。

芳佳さんという名の若い女性で、すでに入社して四年目だという。

そんな彼女が、初めてフライトに臨んだときの体験談である。


「研修期間が終わって、初仕事は東京、大阪の往復便だったんですけど……そのとき、まったく予想もしていなかったことが起こって」

芳佳さんが勤務する飛行機に、彼女の父親が搭乗してきたのである。

もちろん、父親にフライトの予定など教えていない。

そのため芳佳さんは最初、何が起こっているのか理解できなかったらしい。

「だって、うちのお父さん、私の仕事になんか興味ないと思っていたから。もの凄くお堅い人だし……私の就職が決まったときも『そうか』としか言わなかったんですよ」

だが、父親が偶然に乗り合わせたのではないことは、疑いようがなかった。

白い中折れ帽を被り、真っ白な上下のスーツを纏っていたからである。

左胸のポケットからは、赤い柄のチーフが覗いている。

しかも、彼が予約した席はファーストクラス。

ただの旅行では絶対に使わない、特等席である。

「思わず『げっ!』って声が出ちゃいました。娘の様子を見に来たんだろうけど、思っていた父親のイメージと違って……同僚の手前、恥ずかしいやら、気まずいやらで」

混乱する芳佳さんを尻目に、父親は颯爽《さっそう》と機内に乗り込んできたという。

そのとき、先輩CAに「娘をよろしく」と声を掛けたので、軽く死にそうになった。

が、幸いにも芳佳さんはファーストクラスの担当ではなかったので、フライト中、父親と顔を合わせることはなかったそうだ。

(……こんなみっともないこと、もう二度と御免だわ)

空港に降りていく父親の背中を見送りながら、芳佳さんは心からそう願った。


が、数時間後、芳佳さんの願いは儚くも破れ去った。

大阪からの復路に、再び父親が搭乗してきたからである。

「国内線って、その日のうちに往復するんですよ。でも……まさか、お父さんが大阪に一泊もしないで、そのまま日帰りするなんて思ってもいなかったから」

それもこれもすべて、娘の初仕事を見るがための行動なのである。
「あなた、着陸したら、お父様にご挨拶しなさい。少しなら、時間が取れるから」
羽田に着く直前に、先輩CAが芳佳さんに勧めてくれた。
どうやら先輩は、機内サービス中に父親から事情を聞いたらしい。
「折角、お父様がいらしてるんだから、ね」
先輩に、そこまで言われては嫌も応もない。
芳佳さんは着陸後に、少しだけ時間を貰うことにした。
他の乗客をすべて見送った頃合いで、機内の乗降口に父親がやってきた。
驚いたことに父親は、真っ赤な薔薇の花束を抱えていたそうだ。
「芳佳……就職おめでとう。これからも皆さんと一緒に、しっかりと働いて欲しい」
花束を手渡しながら、父親が激励の言葉を添えてくれた。
微笑んで皺を深めた父親の頬に、涙が伝っている。
芳佳さんにとって、それは初めて見る父親の表情だったという。
様子を見守っていたCAたちが、拍手で祝福してくれた。
芳佳さんは胸に込み上げる熱いものを必死に抑えながら、声を絞り出した。
「ほんと、こういうの勘弁してよ。私、恥ずかしいじゃない。もうお客様、お父さんしか残ってないんだから……お父さんも早く降りないと」

そう言って父親を促さないと、涙を堪え切る自信がなかったのだ。

が、――そう言った途端、父親が不思議そうな顔をした。

「私が最後って……あの子はいいのか？」

客室の後尾側を指さしながら、父親が言った。

驚いて背後を振り返ったが、機内に人の姿はない。

「……お父さん、変なこと言わないでよ。全員降りたの、確認しているんだから」

「いや、……いま後ろのほうに子供が走っていっただろう？　あの子、フライト中にずっと機内を走り回っていた子だと思うが……あの子の親は、先に降りたのかな？」

父親がそう言うと、先輩ＣＡたちの顔色が変わった。

「……まだ、機内にお客様が残っているのかもしれない」

ＣＡたちが俄《にわ》かに騒然とし、探索のために機内に散らばった。

芳佳さんもそれに倣《なら》ったが、いくら探しても男の子は見つからなかったという。

乗客リストを確認しても、父親の言う男児が搭乗した記載はない。

結局、父親の見間違いということで、先輩ＣＡがその場を収めてくれた。

芳佳さんは恐縮のあまり、身の置き場もなかったそうだ。

「私、本当に申し訳なくて……だから実家に帰ったときに、お父さんにもう一度確かめてみたんですよ。だけどお父さん、『行きと帰りで、同じ子供が駆け回っていた』と言って、絶対に譲らないんですよ。でも、同じ便で日帰りするお客様なんて、どう考えてもお父さんの他にいる訳ないし……」

因みに、家に帰った父親は、いつもの仏頂面に戻っていたという。

芳佳さんが花束のお礼を言っても、「そうか」としか言わない。

だが、母親に聞いてみると、あの日、帰宅した父親は「最近は不景気だが、芳佳の会社だけは大丈夫だぞ」と、頻りに太鼓判を押していたようだ。

――芳佳が働いている飛行機には、座敷童《ざしきわらし》が乗っているみたいだからな。

そう言って、嬉しそうに笑っていたらしい。

いまのところ、芳佳さんは機内で座敷童を見たことはない。

リメンバー

先日、商談後に取引先の内田さんと会食をしたときのこと。

酔いが回った頃合いを見て、「何か、恐い体験はありませんか？」と訊ねてみた。

すると彼は、少し考えて「そう言えば」と、こんな話を語ってくれた。


「何年か前に、港区の一等地にあるマンションに住んでいたんですよ。会社の人事部に探して貰った物件だったんですけどね」

当時、内田さんが所属していた部署は、やたらと残業が多かったらしい。

夜中十一時過ぎに退社するのもざらで、酷いと深夜三時を回ることもあった。

だからという訳でもないが、彼が紹介されたマンションは、会社から徒歩で通勤できる距離だったそうだ。

築四十年は経つ年代物の物件だったが、外観は割とお洒落《しゃれ》に造られている。

建屋は五階建てで、内田さんはそこの四階に部屋を借りていた。

「いま考えると、結構高級なマンションだったと思いますよ。もっとも、会社から補助を受けていたんで、あまり気にはしていませんでしたけど」

初夏に差し掛かった時期の、ある晩のことである。

内田さんはいつものように、零時過ぎにマンションの前に到着した。

都心とはいえ、さすがに真夜中の住宅街はしんと深く静まり返っていたという。

カードキーでエントランスに入り、エレベーターホールでボタンを押した。

が、エレベーターの階数表示器は、上階に向かって点灯している。

(来るまで時間が掛かるな。非常階段を使うか)

内田さんはエレベーターを諦めて、一階の廊下の奥へと向かった。

そのマンションの建屋側面には、金属の細い柵で囲まれた非常階段が設えてある。

各階の外廊下に連絡する、瀟洒《しょうしゃ》な造りの円柱形螺旋《らせん》階段だった。

内田さんは以前から、その螺旋階段をよく利用していたのである。

「エレベーターよりも便利なんで、気に入っていたんですよ。ぱぱっと駆け上がれば済みますしね。でも、そのときは、上り始めた直後に『おやっ?』と思いまして」

気がつくと、頭上から〈カン、カン〉と踏板を鳴らす足音が響いていた。

どうやら螺旋階段の少し上を、若い女性が上っているようだ。

踏板の隙間を見上げると、ちらりと赤いパンプスが視界に入った。

（……しまった。怖がらせちゃったかな？）

如何《いかん》せん、真夜中のことである。

単身の女性が、階下から駆け上がってくる男性を用心しない訳がない。

内田さんは足を緩めて、ゆっくりと階段を上がることにした。

だが、頭上から響く足音は、速度を変えずに小気味良く鳴っている。

二階、三階と階段を上がって、内田さんは四階の外廊下まで辿り着いたが、それでもパンプスの足音は止まらなかった。

「そのとき、ちょっと不思議に思ったんです。マンションは五階しかないのに、まだ足音が聞こえるのは妙だなって」

確かめてみたくなり、マンションの外廊下から螺旋階段の様子を窺った。

が、〈カン、カン〉と足音が聞こえるだけで、そこに人の姿は見当たらない。

螺旋階段の外柵は隙間が広く、人が隠れる場所もなさそうだった。

（あれっ？　誰もいないのに階段が鳴っている……）

訝しく思い、手摺りに身体を乗り出して階段を覗こうとした。

そのとき、〈ぞくり〉と背筋に泡が立った。

「えっ……なに？」

そのままの姿勢で首を捻り、手摺りから上階を見上げてみた。

——内田さんの頭上に、女の顔があった。

顔をまっすぐ真下に向け、長い髪を垂らした女がこちらを睨んでいる。

「うわっ！」

悲鳴を上げ、内田さんは手摺りから上半身を引っ込めた。

明らかに、女との距離が変だった。

手を伸ばせば触れそうな位置にまで、女の顔が近づいていたのである。

内田さんはそのまま部屋に逃げ込むと、朝方まで震えながら過ごしたという。


「それで気になって、あそこのマンションに〈謂《いわ》れ〉がないかを調べてみたんです。でも、大した噂は聞けませんでした。ただですね、ひとつだけわかったことがありまして……タレントの○○が起こした泥酔事件って、覚えていますか？」

意外な名前が出てきたので少々驚いたが、その事件についてはまだ記憶に新しい。いまさら詳細を述べるまでもないので、簡潔に記す。

十年ほど前、とあるタレントが泥酔して公園で暴れ、逮捕された。

報道によると、そのタレントは逮捕後に家宅捜査まで受けていたという。

「でも、酔って騒いだだけで家宅捜査するのって、変じゃないですか？　でね、その公園なんですけど……以前から、全裸の女の幽霊が出没するって噂があったみたいなんですよ。『裸の女がいる』って通報が、だいぶ昔から警察に入っていたみたいで」

そのため、件のタレントが〈常習犯ではないか〉と、疑われたらしいのである。

無論、この話は巷の噂に過ぎず、真偽のほどは定かではない。

「で、僕が住んでいたマンションって、その公園が目の前にあるんですよ。聞いたら、あのタレントを通報したのも、マンションの住人だったらしくて。もしかしたらなんですけど……僕が見たのって、その公園の幽霊だったんじゃないかと思うんです」

もっとも、内田さんが見た女が全裸だったのかどうかは、わからない。

一瞬の出来事だったので、じっくりと観察する余裕などなかったのである。

「ただですね……多分、パンプスだけは履いていたんじゃないですかね？」

そう言うと、内田さんは静かに笑った。

おこたと、おじさん

静岡で調理師をしている矢沢さんが、帰宅途中のことである。

自宅のアパートに向かって暗い夜道を歩いていると、後ろから誰かにつけられているような気配を感じた。

だが、立ち止まって振り向いてみても、人の姿は見当たらない。

背後には民家も疎《まば》らな砂利道が、晩春の月明かりに照らされているだけ。

しかし、矢沢さんが再び歩き出すと、微かな息遣いや、砂利を踏む足音が聞こえる。

(多分これ、生きている人間じゃないな……)

矢沢さんは霊感が強い訳でもないが、どうもそんな気がしてならない。

目には見えない何者かに、つき纏われているように感じるのである。

かと言って、何ができる訳でもない。

幽霊の対処法など、何ひとつ知らないのだ。

(でもなぁ、家までついて来られるのも嫌だし……遠回りするか)

矢沢さんは来た道を少し引き返し、普段は使わない脇道へと入り込んだ。

その脇道は町外れの河川敷に沿って、住宅地を大きく迂回している。

かなりの遠回りになるが、そのほうが都合良いと思った。

背後の気配をそのままにして、まっすぐ帰宅するのは嫌だったのである。

——一時間ほど歩き続けると、背後の気配が消えた。

ずっと聞こえ続けていた息遣いが絶え、足音も追ってこなくなっている。

(やっと、いなくなったか……もう、帰っても大丈夫だろう)

安堵した矢沢さんは、ここぞとばかりに帰路を急いだ。


アパートの前に到着すると、矢沢さんは外階段を上って自室のドアを開けた。

薄暗い台所を素通りし、居間のスイッチを点ける。

「よっ、遅かったな！　結構待ったぞ」

仕舞い忘れた居間の炬燵《こたつ》に、〝おじさん〟が座っていた。

向き直るのが億劫なのか、おじさんは首だけで振り向いて、両足は置き炬燵に突っ込んだままである。

いかにも待ち草臥《くたび》れたような様子だが、口元は綻んでいた。

僅かな間、矢沢さんは驚いて声が出なかった。

「えーっと、……………………ってか、おまえ誰だよっ！」
我に返って、おじさんを怒鳴った。
そいつはまったく面識のない、知らない男性だったのだ。
すると次の瞬間、おじさんが〈にっ〉と笑って、姿を消した。
まるでテレビの電源を落としたかのような、唐突な消え方だったという。
だが、あのおじさんが部屋から出て行ったのか――
それとも単に姿が見えなくなっただけなのか、矢沢さんにはわからない。

ちょっとだけ、この部屋に住むのが嫌になった。

別れた理由

都内の商社で働く増田さんが、大学生だった頃のこと。
深夜、携帯ゲームに興じていると、突然背筋に〈ぞくり〉とするものを感じた。
どこからか、人に覗き見されているような感覚を覚えるのだ。
しかし、場所は大学の敷地内にある学生寮の三階。
窓のカーテンを半分ほど開けてはいるが、外から覗き見できる環境ではない。
だが、どうにも視線を感じて仕方がないのである。
〈何だろう?〉と、部屋中をぐるりと見回すと――
女性と、目が合った。
カーテンレールに吊り下げられた、フックとフックの隙間。
Vの字に開いた僅かなカーテンのたるみから、女が覗いていた。
が、見えているのは、女の両目と眉毛だけ。
もちろん、そんな場所に人が隠れられる訳もない。

思わず、絶叫しそうになって――ギリギリで堪えた。

〈じとり〉と睨みつける女の目つきに、覚えがあったからである。

増田さんの隣室には、同じサークルの後輩が住んでいた。

仲の良い後輩で、よく一緒につるんでは、街中でナンパに繰り出していたという。

女は、その後輩の彼女だった。

とても嫉妬深い女性で、「彼女の束縛が強くて、少し参っている」と、たまに後輩が愚痴を零すのを聞いている。

無論、彼女は死んでなどいない。

（後輩の素行を気にして、生霊が出てきたのか）と、増田さんは考えた。

――でも、部屋が違うんだよなぁ。

後輩は隣室だし、この部屋を訪れることは滅多にない。

そう思って、呆れた直後に（いや……違うな）と思い直した。

彼女は部屋を間違えたのではなく、増田さんに恨みがあるのだと気づいたのである。

（そう言えば、アイツをナンパに連れ出すのって、俺だけだよなぁ……）

再びカーテンを見上げると、いつの間にか後輩の彼女はいなくなっていた。

その後、増田さんは後輩をナンパに誘うのをやめた。

さすがにもうこれ以上、恨まれるのが嫌だったからである。

が、暫くすると、後輩は彼女と別れてしまった。

「四六時中、監視されているような気がして、段々と彼女のことが恐くなってきたんです。いつも、どこかで覗き見されているような気がして……」

別れた理由を聞いた増田さんに、後輩はそう答えたという。

代行運転

昨年の初夏の話である。

茨城で商社に勤める大森さんが、残業後、車で帰宅をしていたときのこと。

ふと目についた道路沿いの居酒屋に、立ち寄ってみたくなった。

例年ならこの時期、同僚たちと暑気払いに繰り出している頃合いである。

だが、昨今の〈コロナ渦〉に揺れる世情が、それを許してはいない。

（ひとり飲みも悪くないか……）

居酒屋の脇に車を停めると、大森さんは小一時間ほど飲食を楽しんだ。

その後、勘定を済ませる前に、代行運転業者に電話を掛けた。

「うちみたいな地方だと、どこへ行くのにも車を使うからね。よく代行運転を利用するんだよ。最近じゃ、代行業をやっているタクシー会社も増えているし」

そのとき頼んだ代行業者も、所謂《いわゆる》〈タクシー代行〉だった。

乗務員二名が一台の車で利用者の元を訪れ、ひとりが利用者の車を運転する。

そこまでは一般的な代行運転業者と変わらないが、タクシー代行の場合、利用者は自分の車ではなく、タクシーに乗車するのである。
「……じゃあ、○○町の○○番までお願いします」
タクシーの後部座席に乗り込むと、大森さんは運転手に自宅の住所を伝えた。
先に大森さんの車が発進し、続いて大森さんを乗せたタクシーがその背後を追う。
時刻は、夜の十一時過ぎ。
夜陰に沈んだ国道は閑散として、すれ違う車も少ない。
大森さんはぼんやりしながら、先行する自車のテールランプを見詰めていたという。
どれほど時間が経ったのか、やがて前方に大きな交差点が見えてきた。
その交差点には、信号機の他に歩道橋も渡してある。
四つ辻を跨ぐ長い歩道橋で、夜の闇に茫洋《ぼうよう》と浮かんで見えた。
すると、タクシーが交差点に入ろうとする直前に、信号が青から黄色へと変わった。
それに慌てたのか、急に運転手がスピードを上げる。
その瞬間――歩道橋の上で、何かが動いていることに気づいた。
黒い人影が、手摺りの上から〈ぐぐっ〉と身体をせり出してくる。
「うわっ！」
運転手が叫ぶのと同時に、人影がフロントガラス目掛けて落ちてきた。

車が甲高いブレーキ音を上げて急停止し、慣性で上半身がつんのめる。

大森さんは体を強張らせ、思わず〈ぎゅっ〉と目を瞑った。

が、いくら待っても、追突の衝撃を感じない。

訝しく思い、恐る恐る顔を上げると――

タクシーの助手席に、見たこともない男性が座っていた。

その男性はきょとんとした表情で、タクシーの運転手に顔を向けている。

フロントガラスには、ヒビひとつ入っていなかった。

〈…………はぁ?〉

何が起こったのかわからず、大森さんは唖然とするばかりである。

「お客さん、いまの見ましたよね！　あれは、避けられないですよねっ⁉」

助手席に目もくれずに、焦った様子で運転手が尋ねてきた。

どうやら運転手には、助手席に座っている男が見えていないようだ。

「あんなの、俺のせいじゃないよ！」

人を撥ねたと思い込んでいるのだろう、運転手が頻りに喚いている。

「それを聞いて、やっと『ああ、この助手席にいる男は、生きている人間じゃないんだ』って理解したんだ。でも、そんなことは運転手には言えないしさ」

運転手は蹌踉《そうろう》とした足取りで、状況を確認するために車を降りていった。

が、いくら探しても、落ちてきた人物が見つからない様子だった。

暫くすると警察官が到着したが、それでもやはりそれらしい人物は見つからない。

「そりゃあ……タクシーの中にいるんだから、見つかる訳がないよ」

事情聴取を受ける運転手を横目に、大森さんは独りごちた。


大森さんは、代走業者が運転する自分の車に乗って、家に帰った。

タクシーの運転手は事情聴取が続いていたが、弁護する気にはならなかった。

どうやったら幽霊と信じて貰えるのか、その説明方法が思いつかなかったからだ。

現場を離れる間際まで、あの男はタクシーの中にいた。

自分の置かれた状況が理解できないのか、きょとんとした表情のままだったという。

その後、あのタクシーがどうなったのかは、知らない。

定時後シガータイム

自動車整備会社の経理部に勤める坂本さんから、こんな話を聞いた。

「つい最近、うちの会社が全面的に禁煙になりましてね。元々、自動車の整備用に潤滑油を備蓄しているので、防災的にも仕方ないと言えばそれまでなんですが」

とは言っても、坂本さんは学生時代からの愛煙家である。

そんな彼に、いきなり煙草を吸うなと言っても、我慢できるものではない。

坂本さんは悩んだ末、（ここならば）という場所を社内に見つけ出した。

社屋の裏口側に設置された、非常階段の踊り場である。

「エレベーターで四階まで上がって、非常ドアから階段に出るんですけどね。そこなら滅多に人は来ないし、路地からも死角になっているんで」

その場所を見つけてからというもの、坂本さんは仕事中に喫煙するようになった。

と言っても、彼が煙草を吸うのは、夜間に残業しているときだけ。

多少、風が強く吹くこともあるが、非常階段は喫煙場所として申し分がなかった。

手摺りに片肘をつきながら、毎晩のように紫煙を燻《くゆ》らせたという。

「で、非常階段を使うようになって、少し経った頃なんですけどね。路地を挟んだ裏向かいのビルで、小さな火が灯ったのを見たんですよ」

どうやら向こうのビルでも、社員が非常階段で煙草を吸っているようだ。

それなりに距離は離れているが、薄暗い踊り場に人影も見える。

時折、煙草の火が〈ぽおっ〉と赤みを増した。

——お隣さんも、喫煙場所が無いのか。

同類相憐れむとでも言うべきか、お互い社内では肩身の狭い立場のようだ。

溜息混じりに煙を吐き出すと、坂本さんは非常階段を後にした。


それからというもの、裏向かいのビルで人影を見るようになった。

恐らく同じ人物なのだろう、毎晩、非常階段に佇んで煙草を吹かしている。

(あの人、いつも居るなぁ。よっぽどの、ヘビースモーカーなんだろうな)

自分のことを棚に上げ、坂本さんは勝手に決めつけたりした。

ある晩の、残業途中のこと。

そのときも、坂本さんは無性に煙草が吸いたくなった。

黙ったまま席を外すと、後輩から「煙草っすか?」と声を掛けられた。

この晩、事務所に残っていたのは、ふたりだけ。
「おっ、一緒に行くか？」と誘うと、後輩は顔を綻ばせて頷いた。
四階に上がる途中で聞くと、たまに後輩も非常階段を使っているらしい。
非常ドアから階段の踊り場に出て、早速煙草に火をつけた。
愛煙家にとっては、最も心が休まる至福のときである。
お互いに口を利かず、ぼんやりと景色を眺めた。
すると、裏向かいのビルに煙草の明かりがないことに気がついた。
（あぁ、あの人……今日はいないんだ）
そう思い、ビルから視線を外そうとして――
「うえっ⁉」と、驚愕の声が漏れた。
――裏向かいのビルに、非常階段が無かった。
ビルの壁面はまっ平らで、鉄柵や梁《はり》、非常ドアがあった痕跡すら見当たらない。
「おい……あそこのビルって、非常階段を撤去したのか？」
唖然としながら訊ねると、後輩は呆れたように首を振った。
「なに言ってんすか？　あのビル、昔から非常階段なんて無いっすよ」
目の前の光景が信じられず、坂本さんはただ向かいのビルを見詰めるばかりだった。

「ああいうのも、幽霊って言うんですかね？　でも、非常階段がまるごと幽霊だったっていうのも、ふざけた話でね」

その後も坂本さんは、毎日のように煙草を吸いに行っている。

だがやはり、裏向かいのビルに非常階段は見当たらないのだという。

地獄

以前、知人から「霊感の強い知り合いがいる」と、ある男性を紹介して頂いた。

名前を片山さんといい、大手の電機メーカーに勤める方だった。

聞くと彼は、普段の生活で〈ごく当たり前〉に幽霊が見えるのだという。

例えば、混雑した往来や街角を一望しただけで、その中にいる幽霊を見分けることができると言うのである。

また、背後霊も見えるので、他人の将来を予見することができるのだという。

「前に一度、友達に誘われて占い師の店に入ったらさ、そこの占い師に『私を霊視してくれないか』って頼まれたことがあったよ。『あんたのほうが強いから』って」

そんな片山さんだが、子供の頃はまったく幽霊が見えなかったらしい。

なんでも、学生時代のある日を境にして、突然に霊感が強くなったというのである。

「臨死体験って言うんだっけ？　俺、社会人になるちょっと前に、一度死にかけたことがあるんだよ。それが、幽霊が見えるようになった切っ掛けかな」

そのときの話である。

片山さんが、大学四年生だった頃のこと。

ある晩、サークルのメンバーたちと、渋谷の居酒屋で遅くまで飲んでいたという。

「就職活動が終わった時期で、皆、浮ついていたんだよね。酔って、大騒ぎしてさ。そしたら、店にいた他の客から『うるさい』って苦情があって」

暫くすると、その客が友達たちと口論を始めた。

どうやら、相手も仲間連れで飲んでいるようだ。

喧嘩になりそうだと心配した片山さんは、仲裁に入ろうとした。

——そのときだ。

脳天に〈ガンッ！〉と衝撃が走り、片山さんの目の前が暗くなった。

「後で聞いたら、相手側のひとりが俺の後頭部を殴りつけたらしいんだよ。喧嘩を止めようとして、俺が双方の間に割って入ったもんだからさ。もっとも、俺はそんなこと覚えてなくて……で、気がついたら」

晴れ渡った青い空を見詰めながら、仰向けに寝ていたのだという。

体は動かせないが、僅かに首を傾けることができる。

辺りを窺うと、どうやら自分は花畑の中で寝転んでいるようだ。

暖かな陽光の下、幾百もの真っ白な百合《ゆり》の花が凛《りん》と咲き誇っていたという。
（……ここは、どこだ？　何で俺、体が動かないんだ？）
訳がわからずに困惑していると、遠くから音が聞こえてくる。
ガヤガヤと、複数の人が会話する声だった。
すると突然、白い和服を着た数人の男女が、片山さんの顔を覗き込んできた。
全員が中腰に屈みこんで、興味深そうに見下ろしている。
「あれまぁ、この子……片山さんとこの、孫のトオルさんじゃねえか？」
「んだなぁ。こんな若《わ》けえのに、もう来ただか」
まったく見覚えのない面々だったが、彼らは片山さんのことを知っているらしい。
お年寄りが多いようだが、中には幼い子供の顔も見えた。
「おい、誰か片山さんを呼んで来い」
そう声が上がると、視界の隅に遠ざかっていく人の背中が見えた。
それを見て、（おやっ）と片山さんは奇異に感じた。
花畑の中を駆けていく人の姿が、なぜか中腰のままだったのである。
腰を低く落とし、ちょこちょことした覚束《おぼつか》ない足取りなのだ。
――と、その人が走り去った辺りに、突如として紫色の煙が立ち上った。

その紫煙の中に、綺麗な弧を描いた太鼓橋《たいこばし》が現れた。

橋の下には川が流れているのだろう、さらさらと澄んだ水の音も聞こえる。

「おうっ、片山さんっ！　こっちだ、こっち」

見ると、太鼓橋の上をゆっくりと人が渡ってくる。

久しく見ていなかった、懐かしい顔——

それは、片山さんが小学生のときに亡くなった祖父だった。

生前も偉丈夫な人だったが、地べたに寝転んで見上げると更に背が高く見えた。

祖父はまっすぐ直立したまま、優しげに微笑んでいる。

「トオル……お前まだ、ここに来ていい歳じゃないだろう？　仕方のない奴だ。ほら、手を貸してやるから、早くお帰り」

そう言われると、（やっぱり）と腑に落ちる思いがある。

（そうか、俺……いま、天国にいるんだ）

すると、祖父が傍らにしゃがみ込んで、胸の上に手のひらを置いた。

どうやら祖父には、人を現世に戻す力があるらしい。

そのとき片山さんは、先ほどから気になっていたことを、思わず口にした。

「じいちゃんは、何でまっすぐに立てるの？　他の人は中腰なのに」

すると祖父は満面に笑みを浮かべ、こんなことを言った。

「儂は生前、帝国陸軍の中将じゃったからな。ここの連中よりも、位が高いんだよ。だから、まっすぐ立つのを許されとるんだ」

その言葉を聞いたのを最後に、再び片山さんは意識を失った。


「で、気づいたら病院のベッドにいたんだ。医者に聞いたら、一時は危ない状態だったらしいよ。医者も、意識が急に回復したんで不思議がっていたみたいだけど」

念のため、片山さんは一週間ほど入院することになった。

そして彼は、その臨死体験の直後から幽霊が見えるようになったのである。

「ただ、じいちゃんのことで、ひとつだけ引っ掛かっていることがあってさ。確かに、あの人は昔、陸軍将校だったんだけど……天国って位が高くないと、普通に立って歩くこともできないのかって。それって、ひでえ階級社会だろ……だからさ」

——俺が行った場所って、本当は地獄だったんじゃないかと思うんだよ。

そう言って、片山さんは顔を顰《しか》めた。

因《ちな》みに祖父の霊だけは、見ようとしても見えないらしい。

姪っ子の話

つい先日、姪っ子の久美子から電話を貰った。

話を聞くと、どうやら神奈川にある筆者の実家から電話をしているらしい。

だが、(おや?)と不審に感じた。

彼女は昨年の春先、四国地方のとある県に引っ越したと聞いていたからだ。

気になって訊ねると、「実は、ちょっと嫌なことがあったんで、戻ってきたんですよ……それで、そのときのことを聞いて貰えますか?」と、神妙な声で言う。

「私、実家に戻るまでガールズバーで働いていたんですよ。東京でバイトしていたときの友達が四国出身で、地元のお店で働かないかと誘ってくれたので」

住む場所も、友達が借りているアパートに居候させて貰えることになった。

二階建てアパートの、一階にある角部屋だった。

台所付きのリビングと、寝室の二部屋しかない住居だったが、若い女性がふたりで暮らすには十分な間取りだったという。

が、そこに住み始めて半年が過ぎた頃、友達が部屋から出ていってしまった。妊娠したので、彼氏の部屋に移って同棲すると言うのである。

「家賃はこっちで持つから、クミちゃんはそのまま住んでいてよ」

そんな事情で、久美子はその部屋でひとり暮らしをすることになった。


年末も間近となった、ある晩のこと。

久美子は寝室のベッドに寝転がって、スマホを弄《いじ》っていたという。

部屋の明かりはすべて消し、戸締りにも抜かりはない。

外からは風の鳴る音ひとつ聞えてこない、閑寂とした夜である。

すると突然、リビングが明るく光った。

リビングと寝室との境には、曇りガラスを填めた引き戸がある。

そのガラスを透かして〈パッ、パッ〉と二回、フラッシュが寝室に差し込んだのだ。

(えっ、いまのは、何?)

驚いた久美子が引き戸を見詰めていると、再び光が明滅した。

今度は、青い閃光だった。

(これって……もしかして、盗撮?)と、久美子は緊張した。

そのアパートには、道路と中庭の間に金属の柵が設えられている。
だが、さほど高さのない柵なので、大人の男性なら乗り越えるのも難しくはない。
そのため、不審者が中庭から忍び込み、サッシ窓からリビングを撮影したのではと、
彼女は不安になったのである。
（外を確かめなくちゃ）
慌てて、ベッドから起き上がろうとした——その瞬間。
がちゃりと、音がした。
明らかに、玄関のドアが開く音だった。
続いて、フローリングを歩き回る足音が、隣室から微かに聞こえてきた。
——きっと、Aだ。部屋にAが入って来たんだ。
身体を強張《こわば》らせながら、久美子はそう考えた。
「Aっていうのは、勤めていた店の常連客なんです。それで私、店にいた間、Aから
ずっと言い寄られていて……その度に断っていたんですけど、しつこくって」
そのうちにAは、ストーカー紛いの行動を取るようになった。
店側が断っても執拗に久美子を指名し、いつまでも店に居座ったりする。
そのため警戒した店長が、つい先日、Aを立ち入り禁止にしたばかりだった。

（……黙って私の部屋に入ってくるなんて、アイツしかいない）

見ると、いつの間にか引き戸の向こう側に、青い光が浮んでいた。

曇りガラスに〈ぼおっ〉と滲む、無機質な冷たい光。

恐らくスマホの明りなのだろう、青い光は人の背ほどの高さを漂っている。

時折、その光は引き戸に近づいたが、曇りガラスに人影は映らなかった。

（どうしよう。逃げたいけど、リビングは通れないし……でも、下手に騒いで、Ａがキレたらヤバいかも）

久美子は必死に考えを巡らし、友達に助けを求めることを思いついた。

彼女なら、彼氏と一緒に駆けつけてくれると考えたのだ。

音を立てないように電話を掛けると、幸いにも友達はまだ起きていた。

「じゃあ、引き戸にスマホのカメラを向けてみて」

事情を説明すると、友達は隣室の様子をビデオ通話で映すように指示をした。

侵入者が確認できれば、すぐに警察へ通報するというのである。

だが、久美子が曇りガラスに再び目を戻すと、青い光は消えていた。

リビングを歩き回る足音も止み、人がいる気配は感じられない。

それでも彼女は、恐くてリビングを覗くことができなかったそうだ。

その晩はスマホを通話にしたまま、じっと息を潜めていたという。

明け方、玄関のドアを調べてみると、鍵とチェーンロックは掛かったままだった。

鍵の開いた窓もなく、他人が入ってきた痕跡を見つけることはできなかった。


「証拠がなかった訳だし、友達からは『気のせいだったんじゃないの?』って言われたんですけど……ただ、その後、私自身に少しだけ変化があって」

日中に街を歩いていると、ふいに嫌な気配を感じるようになった。

あの晩にリビングで感じたのと、まったく同じ気配である。

そんなとき、周囲を見回すと――必ず、近くにAがいた。

粘りつくような眼差しで、物陰からじっと彼女を見詰めているのである。

「理屈はわからないけど、Aが近くにいると、なぜか気配を察知できるようになったんです。でもそんな能力、あっても別に嬉しくないし……」

それから暫くして、彼女はガールズバーを辞めて、実家に戻ることにした。

気配を察知する回数が増え、身の危険を感じ始めたのが理由だと、彼女は言った。


それから数ヵ月が経つが、いまのところAの気配を感じることはない。

独楽舞子

同じ会社で働く、豊田さんに体験談を聞かせて貰った。

いまから、三十年近くも昔の話だという。


豊田さんは高校生の頃、同級生たちと連れ立ってキャンプをしたことがある。

関東の荒川上流にある公園の、施設内キャンプ場だったという。

「男女合わせて十四、五人くらいが参加していましたかね。公園の中だったから、水回りの設備も整っていたし、臨海学校みたいで楽しかったですよ」

彼らは三張りのテントを設営し、日が落ちると焚き木を囲んでお喋りをした。

やがて夜も遅くなり、ぽつぽつと仲間たちがテントへと戻っていく。

「俺、ちょっとトイレ行ってくるわ」

小用を足したくなった豊田さんは、懐中電灯を片手に公衆便所へと向かった。

その公園には、敷地内に幅三メートルほどの用水路が流れている。

公衆便所は用水路の向こうにあり、木製の橋が渡してあった。

遊歩道から続く綺麗な桁橋で、橋の両側には欄干《らんかん》も施されていたという。
その桁橋を豊田さんが歩いていると、〈ポン、ポン〉と右肩を叩かれた。
友達に揶揄《からか》われているような、気安い叩かれ方である。
「何だよ」と、右に振り向くと――
今度は左肩を〈ポン、ポン〉と叩かれる。
「だから、何だよ」と左を振り向くと、その次は右だ。
ポン、ポンッ、「何だよっ！」
ポン、ポンッ、「だーかーらーっ！」
肩を叩かれる度に、豊田さんは首を左右に向けた。
しかし、相手の動きが余程素早いのか、姿を捉えることはできない。
ポンッ、ポンッ、ポンッ、ポンッ……
いつの間にか、右肩だけが叩かれるようになった。
それに合わせて、豊田さんはぐるぐると一方向に回転を始める。
それでも、相手の姿を捉えることはできない。
ポンッ、ポンッ、ぐるぐる。ポンッ、ポンッ、ぐるぐる。
夢中になって追い続けていると、〈ばしゃ！〉と顔面に水を掛けられた。

我に返って周囲を見回すと、両脇を数人の友達に押さえつけられている。

目の前には、別の友達がバケツを抱えて立っていた。

「豊田……お前、大丈夫か⁉」

友達が心配そうに、顔を覗き込んでくる。

が、豊田さんにはさっぱり事情が呑み込めない。

「訳がわからないんで、友人に聞いたんですよ。そしたら『お前、橋の上でくるくる回っていたぞ』と教えてくれて。何でも、その様子が尋常じゃなかったみたいで……」

不味いと感じた友達が、両脇から豊田さんを押さえつけたそうだ。

そして便所まで引きずっていき、バケツで顔に水を浴びせたと言うのである。

その間、豊田さんはずっと『なんだよっ！』と、叫び続けていたという。

「でも僕は、そのときの記憶がまったくないんですよ。ただ、後ろから誰かに肩を叩かれて、それを追い駆けていたことしか覚えてなくて」

豊田さんが正気に戻ったのを見て、友達たちはひと安心したようだ。

さぞ心配だったのだろう、彼らの表情に笑顔が零れていた。

すると、居並ぶ友達たちの中に、見慣れない顔があることに気づいた。

その人は、日本髪を結った舞子さんのような恰好をしている。

透き通る白い肌をした、端正な面立ちの女性だが――

瞳には何処となく淫蕩めいた、艶めかしい光が宿っていた。

（えっ……誰だ、この女？）

ぞっとして声も出せず、豊田さんはただ慄然《りつぜん》とするだけ。

やがて日本髪の女はにたりと嗤うと、夜の暗闇に消えていったという。

「でも、その女のことは黙っていました。友達を怖がらせたくなかったし……第一、あれが一体何なのか、自分でも理解ができなかったので」


その数日後、キャンプに参加していた女の子から電話があった。

「この間は、先に言わなくてゴメンッ！」

受話器を取るなり、電話口でいきなり謝られた。

だが、豊田さんには謝罪をされる覚えがない。

驚いて事情を聞くと、彼女は言い難そうに説明してくれた。

「私ね、ちょっとだけ霊感があるみたいなの……そのせいで、たまに変なものが見えちゃうのね。で、この間のキャンプのことなんだけど……」

夕食前、彼女はトイレに行こうとして、その途中で異様な光景を見たのだという。

日本髪を結った女性が、まるで独楽《こま》のようにくるくると回っていたと言うのである。

その女は両腕を水平に伸ばして、狂ったように嗤っていたらしい。

場所は、用水路に渡された桁橋の上。

豊田さんが錯乱した場所と、まったく同じだった。

「あれって、凄くヤバい奴だよ。一度取り憑かれたら、簡単には離れないと思うから。でも、私じゃ何にもできないし……先に、教えておけば良かったんだけど」

彼女は申し訳なさそうに言うと、そこで電話を切った。


「それで、最近なんですけど、少し気掛かりなことがあるんです。うちには六歳になる娘がいるのですが、たまに外へ遊びにいくと、独楽みたいにずっと回っているんですよ。いや、それって子供がよくやる、独り遊びだとは思うんですけど……」

遊び終えた娘が、妙に恍惚とした表情を浮かべるときがあるらしい。

瞳がとろんと潤み、これが自分の娘かと疑うほど、艶めかしく見えるのだそうだ。

その双眸に見詰められると、豊田さんは嫌な胸騒ぎを覚えるのである。

「……妻からは、少し考え過ぎだと言われているのですが」

そう言うと、豊田さんは渋い表情を左右に振った。

ネットカフェ

一昨年《おととし》の暮れに参加した怪談業界の忘年会で、Sさんという女性と知り合った。

聞くと彼女は、関西のライブハウスを中心に活躍するクラブDJなのだという。

興が乗って色々と話し込むうちに、こんな体験談を教えて貰った。


数年前の初夏のこと。

Sさんは地方のライブハウスが企画したイベントで、出演の依頼を受けた。

場所は、福岡のとある都市。

彼女の拠点である関西から遠く離れてはいるが、断る手はない。

むしろ、観客やイベント関係者に自分の名を売り込むチャンスだと考えた。

数日後、主催者から「打ち合わせに来て欲しい」との連絡があった。

「それで、その日は会場の下見をさせて貰った後に、駅近くの貸し会議室で打ち合わせをしたんです。でも、それが思っていたよりも、だいぶ長引いてしまって」

打ち合わせが終わったのは、夜の十時半。

いくら急いでも、大阪に戻る新幹線には間に合わない時刻だった。

仕方なく近隣のビジネスホテルに問い合わせたが、空室はないと言われた。

「ファミレスで時間を潰そうかとも思ったんですけど、できればゆっくり眠りたくて。試しにスマホで検索したら、手頃なネカフェがあったんで」

スマホのナビを頼りに、その店へ行ってみることにした。

地図アプリの情報によると、繁華街から少し距離があるようだ。

大通りから路地へと入り、道沿いに歩くと高架橋に突き当たった。

そこを右に折れると、幾らか先の高架下がアーチ状に切れ込んでいるのが見えた。

どうやら、その高架下の薄暗い通路がネットカフェへの近道らしい。

さっさと通り抜けてしまおうと、Sさんは一気に高架下へと踏み込んだ。

が、——その途端、思わず足が止まった。

通路の中ほどに、男性が立っていたからだ。

その男性は頭髪をぼさぼさに伸ばして、酷く汚れたシャツを纏っていた。

ひと目でホームレスだと理解したが、彼女はそのまま進むことにした。

別の道を探すのも面倒だし、これ以上余計な時間を掛けたくなかったのである。

なるべく相手との距離を空け、目を合わさないように速足で歩いた。

すると、その途中、鼻先を酷い悪臭が掠めた。
汗と小便の饐《す》えた、獣じみた臭いだった。
その臭いに面食《めんく》らい、Sさんは思わず視線をホームレスの男性に向けてしまう。
が、男性は俯《うつむ》いたまま、茫然と立ち尽くしているだけだった。
（良かった。私のことに気づいていないみたい……）
そう思ったのも束の間、Sさんは唖然として、その場に立ち竦んだ。
――ホームレスに、顔がふたつあった。
油脂で固まった頭髪の中に、もうひとつ別の顔が見えるのだ。
男性の頭部から瘤起《りゅうき》した、陶磁器のように白い顔。
目鼻立ちの整った、美しい女性のように見えた。
（え、……えっ、あれは何なの？）
あまりの異様な光景に、Sさんは女の顔から目が離せなくなった。
すると、その女の視線がついと上がって、Sさんを見返した。
（……マズいっ！　見るんじゃなかった）
Sさんは我に返ると、慌ててその場から逃げ出した。

目的のネカフェに入るまで、Sさんは誰かに尾行されている気がしてならなかった。

が、何度振り返ってみても、何も見えやしない。

「でも、店に入ったら凄く雰囲気が明るくて、スタッフも多かったし……『マジ、助かった』って、安心したんですよ」

Sさんが借りた部屋は、廊下の一番奥だったという。

ドリンク一杯だけを携えて、早速個室に籠った。

その店の個室は、天井やドアの下に隙間のない密室タイプだった。

多少の息苦しさは感じるものの、覗かれる心配がないのは有難い。

「その後、始発の時刻を確認しようと思って、少しだけネットを検索したんです」

すると、何処からか妙な音が聞こえてきた。

〈カリカリ〉と、爪で何かを引っ掻いているような音だった。

最初、隣の部屋の客が悪戯でもしているのかと疑ったが、どうやら違う。

音はSさんの真後ろ、出入り口のドアから聞こえているようである。

耳を澄まし、その〈カリカリ〉と鳴る音に聞き入った。

が、次第にその音は萎むように小さくなっていき、やがて聞こえなくなった。

それでもSさんは、暫く廊下側の様子をドア越しに窺《うかが》い続けたという。

「五分くらい、じっとしていたかな。音は聞こえなくなったし、気のせいだったようにも思えて……ちょっと馬鹿々々しくなったから、寝ちゃおうと思って」

椅子の背を倒して、なるべく背中が伸ばせるように調節をした。

心細いので、明かりは点けたままである。

よほど疲れていたのだろう、目を瞑《つむ》った途端に睡魔に襲われた。

意識が薄くなり、深い眠りへと落ちていく、その直前——

さわさわと、何かが頬に触れた。

稲の穂先で擽《くすぐ》られているような、痛痒《いたがゆ》い感覚だった。

その触感が〈髪の毛の先端〉だと気づいた瞬間、意識が覚醒した。

目の前に、顔があった。

Sさんを逆さ向きに覗き込む、女の顔。

さっき、ホームレスに貼りついていたのと同じ女だった。

だらりと垂れた女の髪が、再びSさんの両頬をさわさわと撫ぜた。

『……逃げないでよ』

赤い唇を動かしもせずに、女が言った。

その途端、意識が遠くなった。

「翌朝、起きてすぐ部屋のドアを調べたんですけど、ちゃんと鍵は掛かっていました。だから……きっとあの女、ドアをすり抜けていたんじゃないかしら」

その後、Sさんはあの女を見ていない。

推測だが、あのときは行き掛りに揶揄《からか》われただけなのだと、Sさんは考えている。

ただ、あの晩を境にして、Sさんは鏡を見るのを躊躇《ためら》うようになった。

もし自分の顔の横に、あの女が貼りついていたらと思うと、怖くなるからである。

「少し気にし過ぎなのかもしれないけど……あれから何となく、髪の毛が重くなったような気もするんです。だからって、何かが見えたりする訳じゃないですけど」

そう言うと彼女は、ネイルの先で〈カリカリ〉と自分の頭を掻いた。

金髪に染めたショートカットは涼しげで、さほど重たそうには見えなかった。

法則のはなし　その一

「携帯電波の調査員をやっていたとき、妙な法則があることに気づいたんですよ」

野田さんは以前、大手通信会社の下請けに就いていたという。

担当地域を歩き回り、電波の通信状態を測定器で計測するという仕事である。

無線電話に利用される電波の周波数帯は、建築物や干渉波の存在、基地局との距離によって通信状況が変わってくる。

そのため通信会社にとっては、対象地域での実測データが必須となるのである。

「でも時々、地区全体では電波が強いのに、スポット的に通信ができない場所があるんですよ。そんなときは後日、測定をやり直すのですが……すると、大抵はですね」

電波を検出できなかった場所の正面で、葬儀が執り行われているそうだ。

しかも殆どの場合、再測定を行うと通常の電波強度が検出されるのだという。

「最初の頃は、気持ち悪かったですけど……慣れてしまったら、『この辺で、近いうちに葬式があるのかな』なんて、気にもしなくなりましたね」

もちろん、携帯電波と葬儀との間に、どのような相関関係があるのかは知らない。

法則のはなし　その二

昨年、自転車の防犯登録確認で引き留められた際、若い警官から聞いた話である。

聞くと、警察官の仲間内で、ひとつの法則が語り継がれているそうだ。

その法則とは、電車の人身事故に関連するものだという。

なんでも、線路上で飛び込み自殺が発生した際、遺体の一部が見つからないことが儘あるらしい。

意外なことに、頭部が丸ごと消失してしまうケースも多いのだという。

人間の脳を保護する頭蓋骨は、想像以上に硬く頑丈である。

そのため、当たり加減によっては、頭部だけがゴム毬のように跳ねてしまうらしい。

驚くほどの距離を、飛ぶこともあるのだという。

「そうなると、人間の頭って案外見つからないんですよ。木の枝に引っ掛かったり、屋根の上に転がったりして……で、そんなときはですね」

現場に集まった野次馬の多い場所を中心点として、そこから全方位の空間に仮想の直線を引いてみるのだという。

そして、その直線上に頭部が載っかりそうな場所がないかを、調べるというのだ。

逆に言えば、野次馬たちの姿が〈良く見える場所〉を探し出すのである。

すると、相当に高い確率で遺体の頭部が見つかるらしい。

この法則で重要なのは、人身事故が起きた場所そのものではないということだ。

あくまで野次馬の集まる場所が、捜索の起点となるのである。

「先輩が言うには……千切《ちぎ》れて飛んだ人間の頭って、野次馬たちの姿が〈よく見える場所〉を好むらしくて」

発見された頭部は、野次馬がいる方向に顔を向けていることが多いのだと、その若い警官は教えてくれた。

空き部屋

都内で割烹料理屋を営む、堀内さんから話を聞いた。

彼が修業時代、とある日本料理店に見習いとして勤めていた頃の体験談である。

当時、堀内さんが勤めていた料理店では、地方から上京した若者を多く雇っていた。

彼らは店の近くに部屋を借り、下働きをしながら料理を学んでいたのである。

「もう、二十年も昔の話になりますかね。昼の仕事が終わって休憩を取っていたら、調理場の親方から声を掛けられまして。『お前ら、悪《わり》ぃけどTの様子、見てきてくれないか？』って頼まれたんです」

T君というのは、堀内さんと一緒に働いていた見習いのひとりである。

彼は内気な性格で、積極的に周囲と馴染もうとするタイプではなかったようだ。

そのため、職場で働くT君の印象は薄かったという。

堀内さんも親方に言われて、初めてT君がここ四、五日、仕事を休んでいることに気がついたのである。

「聞いたら、店には何の連絡も来ていないって言うんですよ。そうなると、Tが病気で動けなくなっているんじゃないかって、親方も心配したみたいで」
他の見習い三人と一緒に、堀内さんはT君の住居に行ってみることにした。

着いた先は、古びた二階建てのアパートだった。
建屋の側面から上がる階段が、二階の外廊下の端と繋がる構造のアパートである。
敷地の割に戸数が少ないようで、二階には玄関のドアが三戸分しかない。
持ってきたメモを読むと、部屋番号は二〇三号室とある。
どうやら、外階段から数えて三番目の部屋がT君の住居のようだ。
早速、ドアの前で呼び鈴を押してみたが、幾ら待っても応答がない。
試しにノブを回してみると、難なくドアが開いた。
T君は、部屋にいた。
彼は敷きっぱなしの煎餅《せんべい》布団《ぶとん》の上に、ぺたんと横座りに座っている。
「おいっ、T。見舞いに来たんだけど……お前、大丈夫かぁ？」
勝手に上がり込んで声を掛けたが、それでもT君は返事をしない。
呆けたような目つきで部屋の壁を見詰め、ぶつぶつと呟くばかりである。

時折、首を振ったり、頷いたりはするものの、問い掛けに答えている様子ではない。

「なあ、おいったら！　お前、聞こえているのかっ！」

見習いのひとりが声を荒げたが、堀内さんは手を振ってそれを止めさせた。

T君の精神状態が尋常ではないと、気がついたからである。

「Tのやつ、顔色も悪いし、まったく生気が感じられなくて。こっちが幾ら声を掛けても反応がないから、『これは、ちょっとマズいな』って話になって」

自分たちの手には余ると考え、一旦店に戻ることにした。

見たままの状況を報告し、後は親方の判断に任せようと決めたのである。

T君ひとりを部屋に残して、全員が玄関から外廊下に出た。

ドアを閉め、階段に向かって歩き出した——その瞬間。

強烈な違和感を覚えて、堀内さんは外廊下を振り返った。

外廊下の長さが、おかしかった。

T君の部屋の間取りから考えると、二〇三号室から先の外廊下が長すぎるのだ。

（どういうことだ？）と廊下の奥にまで足を進め、思わず絶句した。

隣室の玄関があったと思しき場所が、コンクリートで塗り固められていた。

蝶番《ちょうつがい》ごとドアを外したのか、外壁に僅かな出っ張りも見当たらない。

台所の小窓にもコンクリートを塗ったらしく、存在したはずの〈二〇四号室〉が、丸ごと完全に消されていたのである。

「でも、そこって二階ですよ。普通、入り口をコンクリートで固めたりしますかね？それに、後で思い返したら、もうひとつ気になることがあって」

部屋で呆けていた、T君のことである。

幾ら堀内さんが声を掛けても、T君は反応を示さなかったが——

その間、彼はずっと何かを呟き続けていたのだ。

それもコンクリートで封印された隣室側の、内壁に向かってである。

——まるで、隣室にいる誰かと会話しているみたいだった。

そう思うと、自分たちが酷く禍々《まがまが》しい場所に、足を踏み入れていたような気がした。

数日後、T君が店を辞めたと、親方から聞いた。

だが、退職の理由は教えて貰えず、その後もT君には会っていない。

あのアパートについても少し調べてみたが、詳しいことは何もわからなかった。

廃屋の金庫

「人が住まなくなると、住宅ってあっという間に腐っちゃうじゃないですか。以前、うちの近くにあった家が、そんな感じだったんですよ」

同じ会社で働く森川さんに、体験談を聞かせて頂いた。

いまから、三十年ほど前の話である。


あるとき、森川さんの実家の近所でお年寄りが亡くなった。

その人はひとり暮らしだったようで、家はそのまま空き家になったという。

「だけど、どこかに親戚はいたんでしょうね。暫くして家の中を覗きに行ったら、襖や畳が撤去されていたみたいでした」

当時小学生だった森川さんは、時々その空き家を覗きに行っていたそうだ。

その家は玄関に鍵が掛かっておらず、自由に出入りができたのである。

もっとも、森川さんは上り框より先に、足を踏み入れたことはなかったという。

近所の子供たちの間で、ある噂話が流れていたからだ。

「聞いた話では、空き家の二階にでっかい金庫があって、それを開けると呪われるってことでした。まぁ、僕も子供だったたし、そんな与太話を真に受けていましたね」

ただ、呪われるとどうなってしまうのか、具体的に知っている友達はいなかった。

そもそも、空き家の中で金庫を見たという者さえ、いなかったのである。

それでも近所の小学生たちは、その噂話を信じ込んでいたようだ。

だが、あるとき友達のひとりが、「俺が金庫を開けてやる」と言い出した。

杉本君という名前のクラスメートで、隣町から通学している生徒だった。

どうやら彼は空き家の噂を聞いて、自分で確かめてみたくなったようだ。

早速、杉本君が先導して、空き家を探検することになった。

「僕も杉本君の後ろについて、初めて廊下に上がったんですよ。さすがに家の中はがらんとして、家財道具は何ひとつなかったのですが……」

――二階に上がると、廊下の奥に金庫が置かれていた。

高さが子供の背丈ほどもある、ダイヤル式の立派な金庫だったという。

「おっ、ホントに金庫があるぞっ⁉」

杉本君は無造作に近づくと、金庫のレバーを掴んで扉を引き開けた。

果たして、その中には――何も入っていなかった。

「当たり前ですけど、金庫は空っぽだったんですよ。でも、一緒にいた友達たちは拍子抜けしたみたいで、『お前、呪われるぞ』なんて、杉本君を囃《はや》し立てていましたね」

それでも杉本君は、誇らしげな様子を見せていたという。

だが、――その翌日、彼は学校に来なかった。

風邪で休んでいると先生は言ったが、翌日も、その翌々日も登校してこない。

やがて一週間が過ぎた頃、先生から「杉本は転校した」と聞かされた。

結局、杉本君は一度も顔を見せることなく、引っ越してしまったのである。

「杉本君が空き家の金庫を開けたことは、クラス中が知っていましたからね。暫くは『呪いは本当だったんだ』って話で持ち切りでしたよ」

その半年後に件《くだん》の空き家は解体され、長い期間、更地になっていたという。


それから数年が経ち、森川さんが高校生のときのこと。

地元の友達たちを自宅に招き、他愛のない話で盛り上がっていたという。

「そしたら偶々《たまたま》、あの空き家の話になったんですよ。金庫を開けた後、急に杉本君が登校しなくなったのは、やっぱり変だって」

すると、ひとりの友達が「お前、気がつかなかったんだ」と、怪訝な顔をする。

何のことかと問うと、あの二階に置かれていた金庫だと言う。

――あの金庫さ、ピッカピカの新品だっただろ。家中が埃《ほこり》まみれだったのに。

言われてみれば、その通りだった。

あの日、森川さんたちは、土足で空き家に上がり込んでいた。

廊下の床に厚く埃が堆積していたので、靴を脱ぐ気になれなかったのである。

なのにあの金庫だけは、新調されたように艶々と黒光りしていたのだ。

「第一さ、家具や畳は全部なくなっているのに……ピカピカの金庫だけが取り残されているのって、変じゃないか？」

そう言われて、初めて森川さんはそのことに気がついた。

「この体験、後になって思い返すほど、気味が悪いんですよ。そもそも、あんな古い家に大きな金庫が置いてあること自体が、不自然だったように思えて」

もちろん、いまとなっては事の真相を知る手立てはない。

現在、あの空き家の跡地一帯は、再開発をされて新興住宅地になっているという。

取り違え

先日、知人の紹介で新垣さんという男性に取材させて頂いた。

彼は解体業を請け負う工事会社に、二十数年間、勤め続けているのだという。

三十人ほどの社員を雇用する、中堅規模の会社なのだそうだ。

「主事業は住宅やビルの解体だけど、最近は不要な家財道具の廃棄なんかもやっているんだ……で、少し前のことなんだけど、ちょっと妙な体験をしてね」

簡単に前置きして、新垣さんはこんな話を語ってくれた。


数年前の晩春、ゴールデンウィークが間近に迫った頃のことである。

つき合いのある不動産会社から、管理しているアパートの一室に残された家財道具を、廃棄して欲しいとの依頼を受けた。

聞くと、その部屋に住む高齢の男性が、ひと月ほど前に亡くなったらしい。

「そう言うと、最近話題の『特殊清掃』みたいに聞こえるかもしれないけど……うちの会社は、その手の事業はやっていないんだ」

不動産屋から聞いた話では、元々特殊清掃が必要な状況でもないらしい。

なんでも、その男性は夜中に飲み歩き、路上で心不全を起こしたとのことだった。

そう言った事情で男性は不慮の死を迎えたのだが、一方で引き取り手のない家財道具が丸々と取り残されたのである。

「その老人、近親者がいなかったみたいでね。撤去費は保証会社が賄《まかな》ったんだけど、約款で荷物はすぐに処分はできないからさ、大家も大変だったらしいよ」

早速、新垣さんは作業のスケジュールを組み、トラックを手配した。


作業当日、新垣さんは社員二名を伴い、現場にトラックで向かった。

途中、住宅街で道に迷ったので、予定よりも幾分遅れての到着である。

見るとその現場は、かなり古びた様子の木造アパートだった。

外壁は大部分が色落ちして、かなり長い間、修繕されていないようである。

建屋正面は砂利敷きの空き地になっているが、こちらも碌に手入れはされていない。

空き地の隅にトラックを停めると、新垣さんは辺りを探した。

不動産屋の担当とアパートの大家が、作業現場に立ち会う約束だったのである。

だが、建屋の周辺は静閑として、人の姿は見当たらなかった。

暫く待っても人が来る気配がなく、新垣さんは次第に焦りを感じ始めた。
作業確認書に依頼者の承認印を貰わないと、撤去作業が始められないのである。
(このままじゃ、遅れちまうな。不動産屋に電話してみるか……)
あまり遅くなると、廃棄物処分場の営業時間に間に合わなくなる。
処分場は隣の県にあり、廃棄物の持ち込みには時間厳守が求められているのだ。
すると――アパートの中から人が現れた。
長袖の白いハイネックシャツを着た、痩身の男性だった。
歳は三十代後半といったところだろうか、さほど特徴のない容貌である。
その男性は、まっすぐに新垣さんの元へと歩み寄ってくる。
もしやと思い、新垣さんはその男性に声を掛けてみることにした。
「あの、到着が遅れて申し訳ありません。○○号室の廃品処理を依頼された者ですが
……こちらのアパートの関係者の方でしょうか?」
この男性が大家本人か、或いはその代理人ではないかと考えたのだ。
すると男性は、口元を掌で隠して――
「……○※のヲ……ぃつ△※ぉす」と、もごもごと聞き取れない返事をした。
一瞬呆気にとられたが、あまり時間を掛けてもいられない。

「では、この書類に承認印を頂けますでしょうか？　無ければ、サインでも結構です」

ペンと作業確認書を手渡すと、男性は所定の欄にサインをしてくれた。

まるで油絵の隅にでも書かれているような、読み取れない筆記体だったという。

それでも、依頼主から承認を得たことに違いはない。

早速、新垣さんは他の社員二名に、作業を開始するよう命じた。

依頼を受けた番号の部屋は、ドアの鍵が開いていたという。

三人で手分けをしながら、部屋にある家財道具を片端から運び出した。

壁紙を引き剥がし、装飾品、生活用品を区別せず、一切合切ポリ袋へ詰め込んだ。

途中、手短に昼食を取ったものの、作業は概ね澱みなく続いた。

ひと通りの作業を終えると、時刻は午後三時を回っていたという。

「それで、作業終了の承認印を貰おうかと、さっきの男性を探したんだよ。でも、何処にもいなくてね。作業が終わるちょっと前までは、近くにいた気がしたんだけど」

しかし、時間を掛けて男性を探している余裕もない。

仕方がないので、新垣さんはそのまま処分場へと向かうことにした。

処分場の終了時刻には、ギリギリで間に合ったそうだ。

午後八時を過ぎて、漸く新垣さんたちが会社に戻ると――

「お前らっ！　電話にも出ないで、いままで一体何処に行ってたんだっ⁉」

強い剣幕で、社長から怒鳴られた。

だが、なぜ社長が怒っているのか、新垣さんには皆目見当がつかない。

携帯電話を確認してみたが、着信履歴はひとつも入っていなかった。

「でも、そんなことを言い出せる雰囲気でもなくてさ。なにせ、殆どの社員が事務所に残って、心配そうな顔をしているし……だけど、こっちも訳がわからないからさ、『何か、不味かったですか？』って聞いたんだよ。そしたらさ……」

不動産屋からクレームがあったのだと、社長が口を尖らせた。

なんでも、昼過ぎに『幾ら待っても、作業員が来ない』と苦情を言われたらしい。

慌てた社長は、別の社員を依頼主のアパートへと向かわせたそうだ。

だが、たった今まで、新垣さんたちの消息が掴めなかったというのである。

「でも、俺たち……アパート行って、家具を捨ててきましたけど？」

――そう言った瞬間、新垣さんは事態の重大さに気づいた。

社長を筆頭に、事務所にいる全員の顔色が一瞬で青黒くなった。

「もしかして……お前ら、アパートを取り違えたのか？」

危惧したのは、正にこれだった。
「……誰か、警察に電話してくれ。事情を説明するから、事務所まで来て貰うように」
冷めた声で、社長が指示を出した。
もし、他人の所有物を無許可で廃棄したのなら、罪に問われる可能性がある。
窃盗や器物破損、家宅不法侵入など、幾つもの罪状が挙げられるのだ。
そのため、過失とは言っても、早急に警察へ報告しておく必要があった。
三十分ほどすると、警察官が二名、事務所へやってきた。
彼らは手早く事情を聞くと「では、現場に案内して貰えますか」と要求してきた。
これから、撤去作業をしたアパートに行き、現場検証をするのだという。
新垣さんは指示に従ってトラックを運転し、パトカーを先導した。
が、——到着した先は、外装の整った小奇麗なアパートだった。
外壁は白いモルタルで、板張りなどではない。
駐車場はアスファルトで舗装されており、整然と白線で区分けされている。
明らかに、今朝訪れたアパートとは違っているのだ。
「いやっ、でもっ……こんな馬鹿な?」
驚いた新垣さんは警官に訳を話して、周辺の町内を探してみた。

が、幾ら探しても、撤去作業をした古アパートが見つからない。

結局、その日は現場検証を諦めて、後日の捜査結果を待つことになった。

「そのとき、警官から『スマートフォンを貸して欲しい』って依頼されたんだ。なんでもスマホってさ、持ち主が移動した道程を勝手に記録しているらしくて」

警察署に持ち帰って、残されたデータを吸い出すのだと説明された。

——その翌日、早速警察から連絡があった。

聞くと、彼らはパトカーを運転し、試しにスマホの記録を辿ってみたのだという。

が、到着した先は、やはり昨晩の小綺麗なアパートだったと聞いた。

つまり新垣さんたちは、データ上では本来の目的地を訪れていたことになるのだ。

「だから余計に、薄気味が悪いんだよ。だって俺たちは、間違いなく古アパートで撤去作業をやったんだし……処分場で、家財道具を捨ててきたんだから」

いまでも警察とは連絡をとっているが、まだあの古いアパートは見つかっていない。

家財を盗難されたという被害届も、いまだ警察には届いていないらしい。

結局、何ひとつわからないまま、現在に至っているのである。

因みに新垣さんは、その月、給料から一日分を引かれただけで済んだらしい。

白玉

「去年、旅行先で酷い目に遭ったのよ。でね、そのときのことなんだけど……ちょっと変な体験をしたから、教えてあげるわ」

先日、居酒屋で同席した吉田さんは、都内の飲食店で働く三十代の女性だった。

聞くと、彼女は日本各地の神社仏閣を観光するのが趣味なのだそうだ。

日々こつこつと旅行費を貯めては、年に四、五回、国内旅行に出掛けているらしい。


一昨年の十月のこと。

吉田さんは、中部地方の山間部にある温泉地に宿を取った。

友人の佐藤さんを誘っての、気ままなふたり旅である。

旅行の初日はゆっくりと温泉に浸かり、翌日、時間を掛けて近場にある神社を参詣する予定を組んだのだという。

ただ、吉田さんは免許を持っていないので、レンタカーを使うことはできない。

そのため、旅行先での移動には、もっぱらバスや電車、タクシーを利用している。

「で、旅行の二日目のことだけど、昼の二時頃までに予定していた観光が全部終わっちゃったのね。それで『これから、どうしようか？』という話になって」

吉田さんにはもう一社、もし時間が余るなら参詣したいと思っている神社があった。が、その神社は、温泉街から離れた山の頂上付近に建立されている。

歩けない距離でもないが、往復すると相当時間が掛かりそうだ。

試しにスマホで調べてみると、駅前から神社行きのバスが出ていることがわかった。

「だったら、一旦最寄り駅に向かってみようか」と、歩き始めた直後である。

「お姉ちゃんたち、○○神社へ行くの？」

路肩に停車している軽トラックから、声を掛けられた。

見ると、壮年の男性が運転席でニコニコと笑っている。

いかにも、田舎の農業従事者といった風情のおじさんである。

「俺も、これから神社に用があるからさ。良かったら、乗っていきなよ」

そう言われ、つい好意に甘えようかという気持ちになった。

――それが、間違いだった。

「後で聞いたんだけど、最近地方で白タクが増えているんですって。それも、自分たちが白タクだってことを黙ったまま、客を拾うらしくて」

吉田さんたちを軽トラに誘った男性が、正にそれだった。

「こっちのほうが近いから」と、男性は途中で未舗装の山道に進路を変更した。

そして、山腹まで上ると「運賃を払って欲しい」と言い出したのである。

「もちろん、そんなのは拒否したわよ。だいたいこっちは、タクシー料金が勿体なくて、バスに乗ろうとしていたんだから……そしたらアイツ、急に態度が変わって」

「金を払わないなら、降りてくれ」と、男性が軽トラを停めた。

朴訥《ぼくとつ》に見えた表情は消え、口元には酷薄そうな笑みを浮かべている。

もし運賃の支払いを拒否すれば、本気で置き去りにするつもりらしい。

が、吉田さんたちは頑なに支払いを拒んだ。

金が惜しいというよりも、詐欺紛《さぎまが》いの恫喝《どうかつ》に屈するのが嫌だったのである。

「だったら、降りますから」

そう言って、ふたりは軽トラから降車した。

男性は引き留める素振りも見せずに、さっさと山道を上って行ってしまった。

「で、仕方ないからスマホで調べてみたんだけど、アイツ、わざと遠回りしていたのよ……きっと、それが常套《じょうとう》手段なんでしょうけど」

だが、愚痴を言ったところで始まらない。

地図アプリを見ると、どうやら神社までは相当距離があるようだ。

腹立たしいが、こうなった以上は山道を引き返すしかなさそうだった。

時刻は、午後三時過ぎ。

あまり愚図《ぐず》々々してもいられない。

鬱蒼《うっそう》と茂る雑木林に囲繞され、微かな陽光しか差し込まない山道である。

陽が傾けば、忽ち周囲が暗闇に塗り潰されてしまうのも、想像に難くない。

が、焦る気持ちとは裏腹に、彼女たちの足取りは鈍かった。

「思ったより、道が荒れていたのよ。地面に木の根っこが伸びているし、雑草も多くて……もちろん、山歩き用の靴なんて履いてないから、坂道を下りるのが大変で」

転ばないように気をつけて、ふたりは山道を踏みしめながら進んだ。

スマホでタクシーを呼ぶことも考えたが、それは止めておいた。

白タクの一件があったので、殊更、意固地になっていたのである。

だが、無情にも山道は刻々と薄暗さを増していった。

無論、周囲に外灯などはない。

それでも吉田さんたちは、地面を見据えながら確実に山道を下った。

すると、――ふと吉田さんは、地面が妙に明るいことに気がついた。

仄《ほの》かな薄明かりが、足元に差し込んでいるのである。
そのため、暗い山の中でも木の根に躓《つまず》かずに歩けているのだ。
（……でも、どうして地面が明るいんだろう？）
気になって、光が差し込む方向を目で追った。
――空中に、白い玉が浮いていた。
十メートルほど離れた後方で、白い玉がぼんやりと光を放っていた。
（懐中電灯かしら？）と目を凝らしたが、どうやら違う。
バスケットボールくらいの大きさの光球が、山道の上に浮かんでいるのである。
思わず吉田さんは「何、あれっ？」と声を出しそうになったが、堪えた。
佐藤さんが、怪談話の類を嫌っていることを思い出したからである。
もし、背後の白い玉に気づいたら、彼女はパニックを起こすかもしれない。
それだけは、絶対に避けたいと思った。
見ると、佐藤さんは脇目も振らずに黙々と先を歩いている。
（きっと山道を下りるのに精一杯で、後ろに気が回らないんだ）
佐藤さんから離れ過ぎないように、吉田さんも懸命に山道を下り続けた。
白い玉は仄かに光を発しながら、ふたりの後をついてきたという。

「それから、三十分くらい歩いたかしら。やっと山道を抜けて、舗装された道路に出られたのね。それで後ろを振り向いたら、もう白い玉はいなくなっていたわ」

夜の帳が落ちて、まるで墨筆で塗り潰したような暗闇が雑木林に立ち込めている。

だが、道路脇には外灯が灯り、時折、通り過ぎていく車の姿もある。

（……これなら、温泉旅館まで戻れるわ）

吉田さんは、漸く緊張を解くことができた。


「その後、やっとの思いで温泉宿に戻ってこられたのね。それで、ひと休みすることができたんだけど……そうしたら、急にあの白い玉のことが気になり始めて」

考えてみれば、まったく正体不明の発光体である。

だがその割に、吉田さんはあの白い玉をあまり怖いと感じていなかった。

と言うのも、彼女には（白い玉に助けて貰った）という思いがあったからである。

実際、あの玉が山道を照らしてくれなければ、躓いて怪我をしていたかもしれない。

（もしかしたら、あの玉は神様だったのかも）

そう思うと、あの白い玉について、是非とも佐藤さんと語り合ってみたくなる。

が、――話し掛けた途端、佐藤さんの表情が俄《にわ》かに曇った。

「あぁ、吉田さんには見えてなかったんだ。アレは絶対に、神様なんかじゃないよ。だって私には、空から長い腕が伸びて、白い玉を抱えているように見えたから」

彼女には、異様に痩せ細った二本の腕が、両側から白い玉を挟み持っているように見えていたのだという。

その腕は上空から降りていたが、腕のつけ根がどこにあるのか見えなかった。白い玉を抱える指が異様に節くれ立ち、まるで乾いた朽木のようだったという。

そんな得体の知れないものに追われていたのだと、彼女は言うのである。

「アイツ、段々と距離を縮めてきていたから、私、凄く怖くって……もし捕まったら、どうなるか想像もできなかったから」

そう言ったきり、佐藤さんは黙ってしまった。


翌日の朝、ふたりはあまり会話もせずに帰路についた。

途中、地元の交番で白タクの被害届を出したが、なぜかいまだに連絡はない。

蒼狼の国

「私、馬に乗ってモンゴルの大草原を駆けるのが、子供の頃からの夢だったんですよ」

以前、行きつけの飲み屋で同席した優香さんは、海外旅行が趣味の女性だった。

それも、中東やロシアなど旅行先としては、少しマイナーな国を単身で訪れるのが好みなのだという。

そんな彼女が、初めて国外に出たのは二十歳のとき。留学エージェントを通じて、モンゴル遊牧民の家族にホームステイをさせて貰ったのである。

「もう、十年以上前の話ですね。当時、大学でモンゴル語を履修していたこともあって、夏休みに一ヵ月間だけ留学をしたんですよ。ただ……そのときに少し奇妙なことがあったんで、良かったら聞いて貰えますか」

そう言うと、優香さんは滞在先での体験を話してくれた。

優香さんのホームステイ先は、首都ウランバートルにある国際空港から、西南方向に百五十キロほど移動した地域にあった。

遊牧民と聞くと、機械文明から隔絶した生活が想像されるが、実際は違う。

彼女が渡蒙した頃には、すでにモンゴル中に携帯電話が普及していたのである。

そのため優香さんは、事前にホスト家族と連絡を取り合っていたそうだ。

「初めての外国で不安だと伝えたら、ホストの人たちも心配してくれて。首都からバスで三時間も移動したんですけど、その間も携帯でずっと電話していたんですよ」

バスの停留所に着くと、ホストの家長が車で迎えに来てくれていた。

バトゥさんという、朴訥とした風情の中年男性だった。

そこから更に二時間を掛けて、滞在先となるゲル（移動式住居）に移動した。

迎えてくれたホストは、老人、子供を含め、十五人からなる大家族だったという
四棟ものゲルを所有し、相当な数の山羊や牛を放牧していたそうだ。

テレビや冷蔵庫などの家電品も揃っていたので、裕福な家庭だったのかもしれない。

「でも、遊牧民独特の生活もしっかり受け継がれていて、学ぶことは多かったですよ」

本来、ホームステイ留学の目的は、訪れた国での生活体験をすることである。

優香さんは率先して家事を手伝い、また同時にモンゴルの文化を学ぶことに励んだ。

ホストの家族には、優香さんと歳の近い若者も数人いたという。

中でも三女のツェレンさんは、何かと世話を焼いてくれたそうだ。

気持ちの優しい娘で、率先して優香さんに乗馬の手ほどきをしてくれたという。

「毎日、ツェレンちゃんが練習につき合ってくれたんです。モンゴルの馬って、案外小さくて乗り易いから、慣れるのは割と早かったですね」

滞在して七日目、そろそろ馬で遠乗りに出てみようか、という話になった。

優香さんの望みを叶えようと、家長のバトゥさんが取り計らってくれたのである。


遠乗りにはバトゥさんと、三女のツェレンさんが同行してくれた。

優香さんが子供のころから憧れ続けていた、モンゴル大草原での乗馬である。

逸《はや》る気持ちを抑えきれず、夏草が覆う大地に馬を走らせた。

どこにも境界のない草原を疾駆《しっく》すると、止め処もなく心が躍った。

「あんなにも自由で、爽快な体験は初めてでしたね」

一時間ほど駆け続けると、やがて前方に川が見え始めた。

幅は広いが底の浅そうな川で、川縁には茎の長い草が点々と茂っている。

「馬に水を飲ませようか」

バトゥさんの言葉に従って、優香さんは川岸へゆっくりと馬を進めた。

すると「ホロロロッ」という、聞き慣れない鳴き声が聞こえてきた。

川辺に住む鳥なのだろうか、何となく女性の歌声に似た響きのある声音である。

そのときだ――

優香さんの乗った馬が、突然狂ったように駆け出した。

甲高く嘶《いなな》きながら、川岸と反対側の方向に突き進んでしまう。

手綱を捌《さば》くこともできず、優香さんは馬体にしがみつくだけで精一杯だった。

どれほど走ったのか、漸く馬が脚を止めたとき、周囲には誰もいなくなっていた。

広大な草原の中、彼女はホスト家族から逸れてしまったのである。

「モンゴルの草原って、道標になるものが何もないんですよ。自分が何処にいるのか、見当もつかなくて。慌ててポケットを探したんですけど、携帯も見当たらないし」

運の悪いことに、馬が暴れたときに携帯を落としてしまったらしい。

仕方なく、彼女は手頃な灌木《かんぼく》に手綱を結ぶと、助けが来るまで待つことにした。

下手に動き回ると、却って危ないと教わっていたのである。

バトゥさんたちが迎えに来てくれたのは、日も暮れかけた時刻だった。

聞くと彼らは、優香さんが乗っていた馬の足跡を辿って来たらしい。

「いま動くと、途中で暗くなる。今夜はここで野宿しよう」

そう言うと、バトゥさんは野営の準備を始めた。

その晩、優香さんはツェレンさんと一緒の毛布で、一夜を明かすこととなった。

翌朝、薄明のうちに馬を走らせた。
バトゥさんに聞いたところ、ゲルからだいぶ離れてしまっているらしい。
それでも二時間ほど駆けると、朧《おぼろ》げに見覚えのある平原まで辿り着くことができた。
遠望すると、緩やかに傾斜した窪地の向こうに広い川が流れている。
どうやら、昨日馬が暴れだした川の上流に当たる場所のようだ。
このまま川沿いに下ればゲルに着くと、バトゥさんが教えてくれた。
彼らは横目に川を眺めながら、川岸から少し離れた丘陵の上を進んだという。
すると——突然「待てっ！」と、緊張した声でバトゥさんが叫んだ。
普段は見せない険しい表情で、なぜか川面を睨んでいる。
咄嗟に彼の視線を追うと、川の浅瀬に奇妙な動物がいた。
その動物は背丈が異様に高く、二本の脚で川中に直立していたという。
全身が黒い体毛に覆われ、川の水に濡れた両脚は朽木のように細い。
顔立ちは馬に似て極端に面長だが、双眸《そうぼう》が真っ赤に光っていた。
その赤い目と、まっすぐに視線が交わった瞬間——

優香さんは、あの動物に近づきたくて堪らなくなったという。

「もう見るな！　早く、ここから逃げるぞっ！」

川岸とは逆方向に馬首を返しながら、バトゥさんが大喝した。

我に返った優香さんは、ツェレンさんと一緒に慌てて逃げ出した。

「……ホロロロロッ！」

丘陵を下り切った途端、昨日聞いた鳴き声が背後で木霊《こだま》した。

（この声、あの動物の鳴き声だったんだ）

必死に馬を走らせながら、優香さんはそんなことを考えた。


ゲルに着くなり、バトゥさんから「もう、あの川には絶対近づくな」と言われた。

――お前は『○○○』に目をつけられてしまった。次は、危ない。

そう言って、バトゥさんは忌まわしげに顔を顰めた。

「でも、あのときバトゥさんが言った『○○○』って言葉、よく覚えてないんです。現地でしか使われない言葉なのか、初めて聞く単語でした」

ただ、モンゴル語の語感から『厄災』や『不幸』といった言葉に近い印象を受けた。

聞くと、その『○○○』という動物は人間を捕食するのだという。

それも必ず、乗馬している人間を狙って、馬ごと襲うらしい。

優香さんの馬が暴れたのは、事前に危険を察知したからだと、バトゥさんは言った。

「なんでも、あの動物は相当に執念深いらしくて……一度狙った獲物は、何十年経っても絶対に諦めないって聞きました。だから、私があの川に行くのは危ないって」

忠告に従い、優香さんは二度とあの川に近づかなかったという。

その後、ホームステイを終えて、彼女は無事に帰国を果たしたのである。

「いまでも、時々あの日のことを思い出すんですよ。あの動物って、顔以外の体形は人間と変わらなかったなって。そうね、敢えて言うなら……」

——ホラー映画に出てくる、狼男そのものって感じかしら。

優香さんは最後にそう言うと、追憶から覚めたように体験談を語り終えた。

すねこすり　猫の膝

都内でアパレル関係の仕事に就く、紗香さんから聞いた話だ。

「昨年の六月に、友達の智子ちゃんと買い物に行く約束をしたんです。彼女、近くの料理店で働いているんだけど、偶々同じ日に休暇が取れたから」

当日、紗香さんが朝から外出の支度をしていると、智子さんから電話があった。

「ごめん。今日の買い物、行けなくなった」

そう言って、断りを入れてきた智子さんの口調が暗い。

理由を尋ねると、智子さんが飼っている猫の具合が悪いのだという。

モモと名づけられた雑種猫で、年齢は十八歳を超えているらしい。

高齢のため、最近はあまり餌を食べなくなったと、少し前に聞いていた。

それが今朝になって、愈々《いよいよ》衰弱し始めたというのだ。

「で、そのとき彼女から、『悪いけど、うちに来てくれない？』って頼まれたんです。訳を聞いたら、ついさっき勤め先の料理店から呼び出しがあったって」

なんでも、智子さんが管理している食材倉庫の、台帳が見当たらないのだという。

そのために、少しでいいから店に顔を出して欲しいと、頼まれたようなのだ。

が、モモを放って自宅を空けることはできない。

そんな事情で、紗香さんに留守居をして欲しいと言うのである。

「ただ……実を言うと私、動物が苦手で。頭を撫でるのもダメなの。でも、事情を聞いちゃったら、断ることもできないし」

智子さんのアパートに行くと、思っていたよりモモの具合は悪いようだった。

身体がやせ細り、毛並みから色艶も失われている。

獣医から、「老衰で、もう長くない」と言われているらしい。

それでも、智子さんが優しく頭を撫でてやると、モモは微かに喉を鳴らした。

「サヤちゃん……ほんとに悪いけど、モモをお願いね。なるべく早く帰ってくるから」

そう言うと、智子さんは名残惜しそうに部屋から出て行った。

すると——彼女の後を追うように、モモが玄関に向かってよろよろと歩き始めた。

「あっ、駄目よ、モモちゃん」

引き留めようと、慌てて紗香さんはモモの傍に腰を下ろした。

「智子ちゃん、すぐに帰ってくるから……少しだけ待っていようね」

紗香さんは顔を覗き込みながら、モモに言葉を掛けた。

だが、モモはそこで力が尽きたのか、ゆっくりと床に倒れこんでしまった。

そのとき、モモの頭が紗香さんの右膝にもたれ掛かった。

「本当は寝床に戻してあげたかったんですけど、私、モモちゃんの体に触れなくて。……だから、ずっと膝枕をしたままでいたんです」

見ていると、モモの呼吸は段々と弱まっていくようだった。

やがて、一度だけ大きく息を吸うと、それっきりモモは動かなくなった。

それでも紗香さんは、その姿勢を崩すことができなかったという。

智子さんが戻ってきたのは、それから三十分ほど経ってからだった。

「最後を看取《みと》ってあげられなかったって、智子ちゃん、凄く泣いていました」

智子さんが落ち着くまで、紗香さんは暫く部屋に留まることにした。


紗香さんが異変を感じるようになったのは、その翌日からだった。

歩いていると、右足の脛や膝頭に〈さわさわ〉と何かが触れるのである。

まるで柔らかな毛並みの動物が纏わりついてくるような、妙な感触だったという。

「でも、足元を確かめると、何もいないんですよ。もちろん、皮膚にも異常はなくて。

ただ、私もモモちゃんのことがあったから、精神的なものかなと思って」
が、それから暫くすると、歩いている最中によく躓くようになった。
その度に足元に目を遣るのだが、やはり障害物は見当たらない。
(これ……絶対におかしい)
さすがに紗香さんも、これは心霊的な現象ではないかと疑ったようだ。
膝の上で息絶えたモモが、関係しているとしか思えなかったからである。
そこで紗香さんは、姿見の鏡を使い、スマホで自撮りをしてみることにした。
——膝に、猫の顔が写っていた。
その顔は、先日亡くなったモモにそっくりだった。
「やっぱりモモちゃん、私の膝についてきちゃったんだと思ったんです」
だが、その翌日から、紗香さんはモモの感触を感じなくなったそうだ。
亡くなってから一週間ほど経っているので、成仏したのかもしれないと考えた。
が、その日の晩、智子さんから電話があった。
出ると、いきなり「モモ、サヤちゃんのところに行っていたでしょ」と言う。
驚いた紗香さんが理由を聞くと、智子さんはこんな話をした。
——今朝、アパートの呼び鈴が鳴ったのだという。

急いで玄関のドアを開けたのだが、外には誰もいない。

が、そのとき智子さんの胸元を〈さわっ〉と、柔らかなものが掠《かす》めて飛んだ。

その瞬間、彼女は〈モモが、帰ってきた〉と確信したのだという。

生前、モモはとても賢い猫で、外から帰ってくると玄関の郵便受けに飛び乗って、前足で呼び鈴を押していたらしい。

そうすれば玄関のドアを開けて貰えると、モモは知っていたのである。

「だからきっと、いままでモモが遊びに行っていたんだと思って……サヤちゃん、モモのことを構ってくれて、ありがとうね」

鼻を啜りながら、智子さんが涙声で言った。

因みに、現在は紗香さんの膝を撮影しても、猫の顔が写ることはない。

すねこすり　猫の鳴く部屋

知人の紹介で、今年七十五歳になる杉浦さんに取材をさせて頂いた。

聞くと彼は、現在に至るまでに二回、本気で自殺を試みたことがあるらしい。

「何をやっても、駄目な人生でさ。色々な仕事に就いたし、それなりに生活も頑張ったけど、上手くいかなくてね。まぁ……それでも、もう少し生きてみようかって」

そう言うと、彼はこんな話を教えてくれた。


元々、杉浦さんは貧しい家庭の生まれだった。

早くに父を亡くし、女手ひとつで育ててくれた母も、彼が成人する前に他界した。

天涯孤独の身となった彼は、単身で上京し、建築関係の職に就いたという。

当時、日本が高度経済成長期だったこともあり、肉体労働で十分に稼げたのである。

が、勤務して十四年、杉浦さんに悲運が襲った。

荷崩れした建築資材に挟まれ、腰と背中を負傷してしまったのである。

半年間の療養で外傷は癒えたが、建築の仕事は辞めざるを得なくなった。

強く足を踏ん張ると、疼痛を感じるようになったからだ。

「そこから先は、どん詰まりだったね。怪我の所為《せい》にしたくはないけど……どうも、仕事が続かなくなっちまってね」

次に就いたタクシーの運転業は、二年ほどで辞めた。

事故の後遺症で、ペダルの操作が上手くできなくなったからである。

その後、警備員や料理店の給仕係、新聞の勧誘員など、募集のある仕事を片端からやってみたが、どれも長続きはしなかった。

長時間働き続けると、腰痛が再発して仕事に支障が出てしまうのだ。

「そのうち、できる仕事がなくなってきてね。ストリップの呼び込みをクビになった辺りで、『もう、どうでもいいか』って思うようになったよ」

働くことへの意欲を失い、数少ない友人とのつき合いも次第に減った。

〈自分は役立たずだ〉と自責の念に苛《さいな》まれ始めたのも、この頃だったという。

その思いは呪いのように心を蚕食《さんしょく》し、やがて生活も荒んでいった。

――杉浦さんが自殺しようと決めたのは、四十四歳になった年だった。

当時から借り続けている六畳二間のあばら家で、首を括《くく》ろうと考えたのである。

ある日の夕方、部屋の欄間にロープを吊るし、背丈より高い位置に輪を拵《こしら》えた。

すでに生きる希望を失い、惨めさを噛み締めるだけの日々には辟易《へきえき》している。

数冊重ねた雑誌を踏み台にすると、両手で広げた輪に首を伸ばした。

そのとき——にゃあ、と声がした。

か細く、弱々しい声で〈にゃあ、にゃあ〉と、近くで猫が鳴いている。

（……何だよ、これからってときに）

気勢を削がれた杉浦さんは、一旦ロープから離れてサッシ窓を開けた。

すると、借家の裏庭に面した縁側の上に、小さな猫が蹲《うずくま》っている。

何歳くらいだろうか、毛艶の悪い三毛猫が夕日に赤く照らされていた。

人馴れしているらしく、杉浦さんが顔を見せるなり足元にすり寄ってきたという。

「酷く、みすぼらしい猫でね……必死なんだよ。よほど腹が空いてんのか、『にゃあ、にゃあ』って煩くてさ。これじゃ、おちおち死ぬことも出来ねえなぁって」

仕方なく杉浦さんは、買い置きの鯖《さば》缶を開けて皿に出してやった。

猫はぺろりと鯖を平らげると、何処かへ行ってしまったという。

その姿を見送った杉浦さんは「死ぬのは明日でもいいか」と、その日は自殺するのを止めておいた。

が、痩せた三毛猫は、次の日も餌をねだりに来た。

「それが何日か続いてさ。不思議なんだけど、俺が『そろそろ死ぬか』って思う度に、縁側で鳴きやがんだよ。図々しい猫だとは思ったけど、何だか憎めなくてね」

最初は困ったものだと呆れていたが、毎日むしゃむしゃと餌にむしゃぶりつく猫を見ているうちに、愛らしく感じるようになった。

やがて季節が冬になると、三毛猫を部屋に上げてやった。

三毛猫は、そうするのが当然かのように、部屋の中で寛いだという。

暫くすると、杉浦さんはその猫に「ミケ」と、見たままの名前をつけてやった。

そして、いつしか彼は自殺のことを考えなくなったという。

「毎日の餌代が大変でね。若いときの貯えもだいぶ減っていて……それでもミケは餌をねだるからさ。猫のためってのも変だけど、仕事でもしようかと思って」

長い時間は働けないので、短時間のバイトを探すことにした。

最初は気後れしたが、いざ働いてみると存外に楽しい。

それに、猫に餌をやらなければと思うと、多少の腰痛も耐えることができた。

決して裕福な生活ではなかったが、平穏な日々が続いたという。

——ミケは、十三年間ほど生きた。

元々、生まれた年がわからないので、何歳だったのかは知らない。

老衰だったようで、最期は杉浦さんに看取られて、静かに息を引き取ったという。

「……それでさ、何だか俺、生きる張り合いをなくしちまってね。元々は、死んじまおうって思っていた身だしさ……猫を育てる必要もなくなったから」

二度目に自殺を考えたときには、以前ほど悲壮感を覚えなかったという。

寧《むし》ろ「こんな俺でも、猫の一匹くらいは育てることができた」と、満足していた。

穏やかな気持ちで欄間にロープを吊るし、輪に首を通そうとした。

そのとき、――再び〈にゃあ〉と声がした。

慌てて縁側を見に行ったが、何処にも猫はいない。

気のせいかと思い、欄間の下に戻りかけると、何かが〈すっ〉と脛を擦った。

それは、柔らかで温かみのある触感だった。

その目に見えない触感は、幾度となく杉浦さんの足元に纏わりついてくる。

――生前のミケが、餌をねだるときにやっていた仕草だった。

そのことに気づいた途端、涙が止め処もなく溢れて、立っていられなくなった。

（ミケが、俺の自殺を止めようとしている）

そう思うと、自分の不甲斐なさに胸が張り裂けそうになった。

「で、結局、この歳までおめおめと生き残っちまったんだよ。まぁ、それでも自分で死んじまうよりはマシだったかもな……でさ、いまでもたまに欄間の下に立ち止まったりすると、『にゃあ、にゃあ』ってミケの鳴き声が聞こえるんだよ。まだミケの奴、俺のことを心配しているみたいでね」

昨年に受けた検査で、杉浦さんの体には悪性の腫瘍が見つかっている。

すでに全身に転移しているらしいが、高齢のため、病の進行は遅いのだという。

「まぁ、病気じゃ、ミケの奴も文句は言わねえだろうって……いまさら、死ぬのなんか怖くもねえし、気楽なもんだよ」

サバサバとした口調で、杉浦さんは語り終えた。

さきおくりびと

「小学生のときに起こった出来事なんですけどね。いまでも納得できないんですよ」

先日、とある集会で知り合った森田さんに、体験談を聞かせて頂いた。

いまから三十年ほど前、彼が小学五年生だったときの話だという。


森田さんが通っていた小学校では、毎朝、集団登校を行っていた。

近い地域に住む生徒たちを班分けし、隊列を組んで通学をさせたのである。

「当時、地元の土地で再開発が進んでいたせいで、工事関係車両の交通量が増えていたんですよ。その対策で、集団登校をやるようになったと聞きました」

森田さんは班長に任命され、近所の生徒四人と一緒に登校していたという。

その班の中に、Uという名前の男の子がいた。

酷く落ち着きのない子で、森田さんも扱いに困ることが多かったらしい。

ある晴れた日のこと。

U君が集団登校の列から離れて、勝手に通学路を走り始めたそうだ。

何が可笑しいのか、ケタケタと笑いながら狭い路地を駆け回っている。
そのままの勢いで、広い通りへと飛び出すと――
出会い頭に〈バンッ!〉と、軽トラックに撥ねられた。
勢いよく弾き飛ばされたU君は、丸太のようにアスファルトを転がったという。
やがて、路上で動かなくなった彼の頭から、どす黒い血が流れ始めた。
〈U君が死んじゃうっ!〉
ピクリとも動かないU君を見て、その場にいた生徒全員が凍りついたという。
「きみっ、大丈夫かっ⁉」
顔色を真っ青にした男性が、叫び声を上げながら軽トラから飛び降りてきた。
男性はU君の傍まで駆け寄ると、道路に両膝立ちになった。
「しっかりしろ、いま……」
背を向けているのでよく見えないが、どうやら男性はU君を抱き上げたようだ。
(病院に連れて行ってくれるんだ……)
急げば助かるかもしれないと、森田さんは祈るような気持ちで様子を見守った。
が、男性は動かなかった。
U君の上体を抱いたまま、「大丈夫だから、大丈夫だから」と連呼するだけ。

助けを呼ぶ訳でもなく、かと言ってU君を軽トラに乗せようともしない。

ただ、言い聞かせるように「大丈夫だから」と、声を掛けるだけなのである。

焦れてきた森田さんは（どうしたんだろう？）と、男性に近寄ろうとした。

——そのときだ。

先ほどまでぐったりしていたU君が、平然と立ち上がったのである。

しかも、彼は血を流していなかった。

流血で濡れていたはずの頭部に血の色がなく、痛がっている様子も見受けられない。

それどころか、爪先から頭のてっぺんまで、掠り傷ひとつ見当たらないのだ。

「さすがに仰天しましたよ。だって、つい数秒前まで頭が割れて、血を流していたんですから。でも、U君は元気そうだし……あの男も、にこにこ笑っていて」

男性はU君のズボンから埃を掃い、「ほらっ、大丈夫だろ？」と明るい声を出した。

まるで、最初から事故など無かったかのような、そんな言いぐさだった。

見るとアスファルトを染めていた鮮血も、綺麗に消え失せていた。

「じゃあ、このことは内緒でな。誰にも言うんじゃないぞ」

男性は軽トラからビスケットを持ってくると、箱ごとU君に手渡した。

そして、何度もU君の頭を撫でると、そそくさと軽トラで走り去ってしまった。

が、軽トラが走り出す瞬間、男性がにたりと嗤うのを、森田さんは見逃さなかった。人を小馬鹿にしたような、何とも嫌な表情だったという。

――大変なことを、見落としたのかもしれない。

なぜだか森田さんには、そんな風に思えたそうだ。

一方、当事者であるU君は、むちゃむちゃと貰ったお菓子を頬張るだけだった。


森田さんはU君の事故について、両親や教師には話さなかったという。

話したところで、信じて貰えないと思ったからである。

――U君が亡くなったのは、あの事故から一ヵ月後のことだった。

体育の授業中に突然昏倒し、そのまま息を引き取ってしまったのである。

「後でU君と同じクラスの子に聞いたのですが……U君、まるで電池が切れたみたいに、ぱたんと地面に倒れたって言うんですね」

どこにぶつけたのか、頭部から大量に出血していたらしい。

あまりにも呆気ない死に様に、一時は学校中が騒然としたのだという。

後日、U君の死因は「原因不明の突然死」だったと、教師から説明があった。

「でも、僕は腑に落ちていないんですよね。事故があってから、ちょうど一ヵ月後に亡くなったなんて……どうも、都合が良すぎるような気がして」

あの日、U君はあの男性に助けられたのではなく——

交通事故での死を、〈先送り〉にされただけではないか？

森田さんは、あのときの出来事をそんな風に考えている。

もちろん、どうやったらそんなことが可能なのか、その方法はわからない。

常識的に考えて、あり得っこないのである。

だが、あの男性の〈嗤い顔〉を思い出す度に、何ともやり切れない気持ちになるのだと、森田さんは言った。

煽られて

「十五年ほど前の話ですけど、高速道路で煽《あお》られたことがあるんですよ。まだ、煽り運転がいまほど問題視されていなかった頃です」
都内の区役所に勤める青木さんから、こんな体験談を聞かせて頂いた。

その日、青木さんは自家用車で東北自動車道を東京方面に向かっていたという。
「家族旅行で、福島県のとある観光地に二泊した帰りだったんですよ」
日は暮れかけて、高速道路には照明灯が灯り始めている。
もう小一時間もすれば、都内に入るかという頃合だった。
すると、急に背後から〈パッ、パッ〉と数回、パッシングを受けた。
ルームミラーを覗くと、後続車がハイビームを明滅させている。
平ボディの小型トラックのようだが、パッシングされる覚えはない。
（……道を譲れっていうのか？）
高速道は割と空いており、青木さんもそれなりにスピードを出している。

それにも拘らず、背後のトラックは追い越したいらしい。

あまり良い気持ちはしないが、青木さんは追い越し車線から外れることにした。

が、トラックは追い抜きもせず、青木さんの真横に並んで走り始めた。

「さすがに『何だ、こいつ』ってなるじゃないですか。で、トラックを見たら運転手が顔を真横に向けていて……こっちを、じっと見詰めていたんです」

無論、面識のある顔ではないが、暫しの間、その運転手と並走する形になった。

やがて、トラックは加速して青木さんを追い越すと、唐突に車線を変えて進路を塞いだ。そのため、青木さんは慌ててブレーキを踏むことになった。

俄《にわ》かに苦々しい気持ちが、胸の中を伝った。

どんな目的があるのか知らないが、相手が故意にやっているのは明らかだった。

(こいつ……煽ってやがる)と、青木さんは苛立ったが——

「あなた、大丈夫?」と、心配した妻に釘を刺された。

車内には子供がふたり同乗しており、無暗に危険を冒すことはできない。

青木さんは一旦トラックをやり過ごそうと、サービスエリアに入ることにした。

家族の身の安全を考えれば、それが最善なのである。

駐車場に車を停めて、売店で子供たちに飲みものを買い与えた。

それだけでも、意外と時間が経つのは早い。

再び高速道路の本線へと戻ると、すでに日は落ち切ってしまっていた。

が、そこから先、浦和料金所を抜けるまで、さほどの時間は掛からなかった。

東北自動車道から、首都高速道路への乗り継ぎである。

（後は、首都高が混んでいるかどうかだな。空いてればいいが……）

先の道程を案じていると、突然、後続車にパッシングされた。

またか、と覗き込んだルームミラーに――見覚えのあるトラックが映っていた。

予想外の事態に、思わず青木さんは息を呑んだ。

「そのトラック、さっき煽ってきたトラックだったんですよ。でも、サービスエリアで、間違いなくやり過ごしたはずだったので……」

どうやって後ろに回り込まれたのかは、わからない。

だが実際、さっきと同じトラックが背後で煽り運転を始めているのである。

（嘘だろ……何で、また追って来るんだ？）

底知れぬ不気味さを感じながらも、青木さんはトラックを避けて、車線を変更した。

だが、相手も車線を変え、青木さんの後ろに迫ってくる。

何とかしてトラックを引き離そうと足掻《あが》いたが、中々難しい。

幾ら車間距離を空けようとしても、すぐに間を詰められてしまうのである。

――でも、これ以上スピードは上げられない。

助手席の妻は顔色を無くし、後部座席の子供たちも怯え始めていた。

しかし、高速道路から一般道へ逃げることにも不安があった。

時折ルームミラーに映るトラック運転手の顔に、表情がなかったからである。

「あの運転手、正気じゃないと思ったんですよ。少なくとも、まともに話が通じる相手じゃないって。だから、下手に一般道に逃げ込んで、追いつかれでもしたら……」

そのときは道路上で暴力沙汰になるかもしれず、できればそれは避けたかったのだ。

すると――青木さんに、絶好の機会が訪れた。

青木さんが一台のセダンを追い抜いた直後に、別の車両が右側車線の進入口から上って来たのである。

そのため、青木さんの背後で二台の車が並んで走る格好となった。

「チャンスだと思いました。うちの車の後ろで横並びになった二台が、トラックをブロックしてくれている訳ですから。これなら、暫く時間が稼げるなって」

（いましかない）と、青木さんは思い切りアクセルを踏み込んだ。

その瞬間、助手席で「あっ！」と妻が叫んだ。

——見ると、車のすぐ後ろにあのトラックがいた。

その更に背後で、普通自動車が二台、並んで走っているのが見える。

どう考えても、あり得ない出来事だった。

「一体、どうやって前の車を追い抜いたんだ……？」

青木さんが呟くと、呆けたような表情で妻が言う。

「あのトラック……絶対におかしいわ。いま突然、パッて真後ろに現れたもの……」

妻の言葉は信じ難かったが、実際にトラックは車の後部に迫っている。

「子供たちに聞いても、トラックが瞬間移動したって言うんですよ。もちろん、そんな馬鹿なことは起こるはずもないと思ったのですが……」

困惑した青木さんは、やむを得ず一般道へ下りることを決めた。

瞬間移動は別にしても、高速道路でトラックから逃げ切るのは無理だと考えたのだ。

覚悟を決めて、次に見えた出口に進入した。

すると——トラックは後を追わずに、そのまま高速道路を直進していった。

ついに青木さんは、あのトラックから逃げ遂せることができたのである。

「無事に逃げられて、心底ほっとしましたよ。その時点で、夜の九時を過ぎていましたかね。思ったよりも、一般道は空いている様子だったのですが……」

が、ものの五分もしない内に、渋滞に捕まってしまった。

見ると、道路が交通規制されて、片側通行になっているようである。

どうやら先の道路で交通事故があったらしく、赤い誘導灯が左右に揺れていた。

——事故を起こしていたのは、さっきのトラックだった。

路傍の電柱に突っ込んだらしく、フロントがぐしゃぐしゃに潰れていた。

見たところ、すでに運転手は搬送されているようだ。

ただ、フロントガラスを赤黒く染めた血痕が、事故の悲惨さを物語っている。

「間違いなく、高速で煽ってきたトラックでした。妻にメモらせた車のナンバーも、まったく同じでしたから。だけど……どう考えても、不自然なんですよ」

高速道路で別れたトラックが、一般道で先回りなどできるはずもない。

第一、青木さんが一般道に下りてから、さほど時間は経っていないのである。

「あのトラックの運転手……ひとりで死にたくなかったんじゃないかしら？」

背後の景色に遠ざかっていくトラックを見詰めながら、妻がぽつりと呟いた。


その後、努めて青木さんは高速道路を使わないようにしている。

朝焼けの光の中に立つ影

先日、北海道出身の中条さんと、居酒屋で飲んでいたときのことである。

冗談交じりに、「お化けとかさ、死にそうな目にあったこと無い？」と聞いてみた。

すると彼は「ひとつあるけど……奢ってくれるなら、話してやるよ」と言う。


「二十年くらい前の話だけどね。夏の終わりに、バイクで仲間たちとキャンプ場で二泊したんだよ。北海道の〇〇ってところにある、ダム湖周辺のキャンプ場でさ」


キャンプに参加した人数は、中条さんも含めて七人。

うち三名は女性だが、皆、以前からつき合いの深いツーリング仲間だったという。

二張りのテントを持ち込み、キャンプ場内にある小高い丘陵に設営をした。

丘陵の先には緩やかに草原が下っており、そこから湖岸を遠望することができる。

夏草の茂った草原は見晴らしが良く、ダム湖から吹き渡る風が清々しかった。

見ると草原の真ん中にぽつんとドラム缶が立っているが、どうやらそれがゴミ箱の代わりらしい。

設営したテントの裏手では、幹の細い雑木が木立をなしていた。

悪戯《いたずら》されるのを警戒し、乗ってきたバイクはテントと木立の間に停めた。

「もっとも平日だったから、俺たち以外に客なんかいなかったけどね。だから、バーベキュー囲んで、飲んで騒いで……まぁ、好き勝手にやらせて貰ったよ」

遅くまで歓談し、深夜二時を回った頃に中条さんはテントに入った。

すでに男女ふたりの仲間が、それぞれの寝袋で就寝していた。

（さて、俺も）と、中条さんが自分の寝袋を広げようとした、そのときである。

――テントの外から、すすり泣く女性の声が聞こえた。

微かに嗚咽《おえつ》を漏らし、鼻水を啜り上げる音も伝わってくる。

（……隣のテントで、何かあったか？）

寝床を整える手を休め、中条さんは外から聞こえる泣き声に耳を澄ませた。

隣のテントには、交際中のカップルが二組入っている。

まさかとは思うが、痴話喧嘩にでもなっているのではと、気になって仕方がない。

だが、泣き声は聞こえるものの、諍いごとにはなっていないようだ。

（愁嘆場に顔を出すのも嫌だし……明日、それとなく聞いてみるか）

中条さんは泣き声を無視して、眠ってしまうことにした。

「えっ、そっちのテントじゃないの？　俺ら、ずっと気になっていたんだけど」

昨晩、隣のテントに泊まった仲間のひとりが、驚いた表情で中条さんに聞き返した。

どうやら、彼らも女性の泣き声を聞いていたらしい。

つまり、お互いが隣のテントで誰かが泣いていると、思い込んでいたことになる。

「そうなると、『じゃあ、あの泣き声は誰だったんだ？』ってことになるだろ？　でも、あまり深く考えても仕方ないし……キャンプの雰囲気を壊すのも悪いからさ」

中条さんは、昨晩の出来事を殊更話題にはしなかった。

敢えて、そのことに触れたがる仲間もいなかったという。

二日目の夜も前日と同様に、皆で楽しく乱痴気騒ぎに興じた。

――翌日の明け方のこと。

中条さんは〈しくしく〉とすすり泣く、女性のもの悲しげな声で目を覚ました。

またかと寝惚けながら時計を見ると、まだ五時にもなっていない。

「これ、女の泣き声だよな？」

仲間のひとりが寝袋から上半身を起こし、怪訝そうな表情を向けてきた。

聞くと、彼も外から聞こえる泣き声で目を覚ましたらしい。

「この声、隣のテントじゃないみたいなんだ……俺、ちょっと見てくるよ」
仲間にそう伝えると、中条さんはテントのジッパーを下げた。
早朝のキャンプ場は薄明に覆われ、地面から朧《おぼろ》げに朝靄が立ち上っていたという。
日はまだ昇り切っておらず、東の空に薄く棚引いた雲が赤紫色に染まっている。
注意して耳を傾けると、泣き声はそれほど近くもないらしい。
どうやら、ダム湖へと下る草原の方向から聞こえてくるようだ。
〈こんな朝っぱらに、誰が泣いているんだ?〉
中条さんは小高い丘陵に立って、仄《ほの》かに暁光《ぎょうこう》が照らす草原を見渡してみた。
すると、微風に揺れる草原の真ん中で〈何か〉が動いていることに気づいた。
ちょうど、ゴミ箱代わりのドラム缶が置いてある辺りである。
奇妙に思い、目を凝らした瞬間――
〈ボンッ!〉と破裂するような音を立て、突然ドラム缶が空中に飛んだ。
そして、〈ガン、ガン〉とバウンドしながら草叢《くさむら》を転がっていく。
……………はぁ?
あまりに現実離れした光景を目の当たりにして、中条さんは絶句した。
と、凝然とする中条さんの視線の先で、黒い影が〈ぐぐっ〉と立ちあがった。

その影は――巨大なヒグマだった。

体長二メートルはあるだろうか、鈍重そうな体躯《たいく》をした成獣の熊である。

そいつは朝焼けの光を浴びて、褐色《かっしょく》の体毛が焔《ほのお》に逆巻いているかのように見えた。

ヒグマは鼻先を上空に向けると、鼻面を数回、左右に振った。

そして前足を地に下ろすと、自分が転がしたドラム缶をゆっくりと追っていった。

(マズい……あの熊、食い物の匂いにつられて来たんだ)

中条さんは後ずさりをしながら、そう確信した。

あのドラム缶には、昨晩食べ残した食料を捨てている。

間違いなく、その残飯の匂いがヒグマを引き寄せてしまったのである。

――残飯を食い終わったら、次は俺らだ。

そう思うと、背筋にぞっと冷たいものが走った。

テントにはまだ食料が残っており、ヒグマに嗅ぎつけられる可能性は高い。

急いでキャンプ場から逃げなければ、自分や仲間たちがどうなるか、知れたものではないのだ。

中条さんはテントまで戻ると、仲間たちを叩き起こした。

「おいっ、お前ら、絶対に声を出すなよ。いいか、近くに熊がいる。いますぐバイクで逃げないと……食われるぞ」

　なるべく声を抑えて、全員にそう伝えた。


「その後、すぐにバイクで逃げたんだよ。皆、起き抜けで酷い顔をしていたけどさ、やっぱり熊は怖いから……ただ、暫くして『荷物、どうすんだ?』って話になって」

　緊急時だったので、持ち込んだ荷物の殆どをキャンプ場に置き去りにしていた。

　もちろん、警察に相談することも考えたが、やめておいた。

　相談したところで、近づくなと言われるのが関の山だったからだ。

　二時間ほど麓の道路で時間を潰し、再びキャンプ場へ戻ってみることにした。

　――設営したテントは、酷い有様になっていた。

　テントの生地が切り裂かれ、食料を詰めたリュックが引きずり出されていた。

「やっぱり、熊は危ないと思ったよ。もし、逃げ遅れていたら、ヤバかっただろうね。それで……散らばった荷物を、拾い集めていたときのことなんだけど」

　中条さんは、再び〈しくしく〉と泣く女の声を聞いたのだという。

　が、他の仲間に訊ねても「そんな声は聞こえない」と言う。

　訝しく思った中条さんは、もう一度、泣き声の主を探してみることにした。

当然ヒグマは怖かったが、泣いている人を見殺しにはできないと考えたのである。

どうやら泣き声は、テントの裏手にある木立から聞こえてくるようだ。

辺りの気配を探りながら、周囲を探すと――

雑木の間に、女物の小さなバッグを見つけた。

「気づいたら、泣き声が聞こえなくなっていてさ。仕方ないから、そのバッグだけ持って、テントに戻ったんだ。そしたら、仲間の女の子が駆け寄ってきて」

――探していたのよ、このバッグ！　母の形見のブローチが入ってるの！

彼女はバックを受け取ると、嬉しそうに声を弾ませた。

「あれって、きっと彼女のお母さんが化けて出たんだと思うんだよ。きっと、娘を助けに来たんだろうな。まぁ、俺らも危うく熊に殺されかけて、死ぬほど怖かった訳だしさ……ってことで、ここの払いは奢りでいいよな？」

そう言うと、中条さんは悪戯っぽい笑みを浮かべた。

――この話、幽霊より熊が怖いって話じゃないか？

そう文句を言いたくなったが、約束を守って支払いを引き受けることにした。

ベビーカー

知人の紹介で取材させて頂いた和田さんは、プロのバイオリニストである。
気さくな人柄の女性で、音楽関係の友人を中心に交友関係が広いのだという。
そんな彼女の人望もあってか、演奏会の協力を頼まれることも多いそうだ。
「と言っても、出演依頼ばかりじゃなくて、裏方仕事をお願いされることも多くて
……でも、音楽協会を通して依頼されたりすると、断れないのよね」
そういう彼女に「怖い体験は無いですか？」と訊ねると、こんな話をしてくれた。

数年前の初夏のこと。
和田さんは、音楽協会からスタッフの協力依頼を受けた。
休日に区民ホールで開催される、弦楽四重奏のコンサートだったという。
彼女の他に、四人の協会員がスタッフとして配属されていた。
「その演奏会、ちょっと変わった趣向でね。赤ちゃんとか、幼い子供をメインターゲッ
トにしたイベントだったの。子供の情操教育を主眼にしていたのね」

コンサートの当日、会場は大層な盛況ぶりだった。

百人を収容する小規模ホールが、ほぼ満員となったのである。

殆どの客が子供連れで、ベビーカーに幼児を乗せてくる夫婦も多かった。

「でも、演奏場内にベビーカーは持ち込めないから、預からせて貰わないといけないのね。だから、事前に会場側と協議して、ベビーカー置き場を確保して貰ってたの」

そこの会場には、フロントロビーの脇にバックヤードへ繋がる通路がある。

機材搬送用の通路だが、そこの壁際にならベビーカーを置いても良いと言われた。

開場から、演奏開始までの時間は三十分。

その間、和田さんは観客を誘導し、通路の壁沿いにベビーカーを並べていった。

三十台ほど預かっただろうか、ずらりと並んだベビーカーの列は中々壮観である。

預かったベビーカーは、B型と呼ばれる椅子型のものが多かったという。

やがて、すべての観客が演奏場に入ると、区民ホールの係員が静かに扉を閉じた。

「それで、やっと一段落って言うか、スタッフの手が空くのね。でも、たまに遅れてくるお客さんもいるから、持ち場は離れられないの」

そうは言っても、ただ通路でベビーカーを眺めているのも馬鹿々々しい。

ふと視線を巡らすと、ロビーの窓から初夏の日差しが差し込んでいるのが見えた。

薄手のカーテン越しではあるが、屋外の酷暑は想像に難くない。

（少しだけ、休憩しようか）と考えた、そのときである。

彼女の背後で〈カラカラ〉と音がした。

振り返ると、一台のベビーカーが通路の奥で動いていた。

背の高い台車に籠型の座椅子を載せた、A型と呼ばれるベビーカーである。

平らな座椅子に幼児を寝かせるタイプのもので、折り畳み式ではないようだ。

ベビーカーは通路の真ん中まで進むと、音もなく止まった。

（……持ち主が、ちゃんと固定していなかったのかしら？）

壁際に戻さなければと思い、和田さんは無造作にそのベビーカーに近づいた。

そのとき、鼻先にツンとした臭いを嗅いだ。

配水管が腐ったような、酷い悪臭だった。

（何が臭っているのかしら？）と見回しながら、ベビーカーのハンドルを握った。

すると、握りの先から〈ずしり〉とした重みを感じた。

気になって座椅子を覗き込もうとしたが、閉じたビニールの幌《ほろ》が白く濁っていて、内側を窺い知ることはできない。

彼女は気味が悪くなり、急いでベビーカーを壁際にまで押し込んだ。

――にぃゃぁぁぁあおう。

その途端、ベビーカーから猫のような鳴き声が聞こえた。

(えっ、まさかベビーカーに、動物を入れているの……?)

驚いた和田さんは、思わず数歩後ずさった。

そういえば、辺りに漂う悪臭は家畜の臭いに近いような気がする。

「ちょうどその当時、音楽協会の友達から似たような話を聞いていたのね。『最近、ペット連れで演奏会にくるお客さんがいる』って」

もし、動物を会場に持ち込んだ観客がいるなら、対応が必要だった。

このまま放ってはおけないし、第一、館内はペットの持ち込み禁止である。

下手をすれば、金輪際この会場を使わせて貰えなくなる可能性があるのだ。

他のスタッフにも相談する必要があると思い、一旦受付に戻ろうと踵を返した。

そのとき――「んぁばばあぁぁぁ」と、再び鳴き声がした。

だが、今度の鳴き声は、動物というより乳児の声に近かった。

「えっ……どういうこと?」

思わず足が竦《すく》み、和田さんは後ろを振り返った。

彼女の背後に、先ほどのベビーカーが停まっていた。

まるで、押して欲しいと訴えているかのように、ハンドルがこちらを向いている。
「ひいっ！」と、無意識に喉から悲鳴が漏れた。
その場から逃げ出したかったが、どうにも両脚に力が入らない。
すると、突然――ベビーカーの幌が、ぱたんと開いた。
その瞬間、噎《む》せ返るような腐臭が周囲に充満した。
――んまぁあぁ、んまぁぁぁまぁ。
ベビーカーの平らな座椅子に、何かが蠢《うごめ》いていた。
湯剥きしたトマトのような、真っ赤な肉の塊《かたまり》。
そいつは赤ん坊のように泣きながら、頻《しき》りに身体を捩《よじ》っている。
その肉塊の真ん中には、墨壺のように黒い瞳がひとつだけあった。
「……まぁま」と泣きながら、肉塊が小さな手を伸ばして――
和田さんは、自分の意識が急激に薄れていくのを感じた。
目の前が完全に暗くなる直前、〈ぎゅっ〉と乳房を掴まれた。
次に気がついたとき、和田さんはスタッフに体を押さえつけられていたという。
すぐには状況が呑み込めず、気持ちが落ち着くまで時間が掛かった。

「……触ったら、私の顔が涙と鼻水でグシャグシャになっていたの。驚いて他のスタッフに聞いたら『あんた、子供みたいに泣き叫んでいたわよ』って言われて」

そのまま館外へ出て行こうとする和田さんを、スタッフ全員で止めてくれたらしい。

暫く休憩した後、彼女は早めに帰宅させて貰うことにした。

「でも、それっきり、おかしなことは起こっていないわ。演奏会の手伝いも、たまにやっているしね。ただ、まったく変化がなかったかと言うと……ちょっとね」

あの出来事があってからというもの、街中でベビーカーを見掛けると、なぜだか急にもの悲しい気持ちになるのである。

まるで大切な人を亡くしたかのような、やり切れない感情に駆られるのだという。

「でも、別に私、子供を産んだこともないし、ベビーカーに思い入れなんてないのね……だから、悲しくなる理由がわからなくて」

溜め息を吐きながら、彼女はそう愚痴をこぼした。

故郷

一昨年の年末、東海地方にある得意先へ出張したときのこと。

夜、偶々《たまたま》入った居酒屋で一杯やっていると、隣席に座る男性から話し掛けられた。

人慣れした物腰の老人で、どうやら話し相手を欲している様子である。

聞くと、彼は三浦さんという名前で、近くの漁師町に住んでいるのだという。

齢は七十代半ばだが、いままで相当に苦労の多い人生を歩んでこられたらしい。

興味が湧いたので、暫しの間、彼の身の上話を聞かせて貰うことにした。


元々三浦さんは、現在住んでいる漁師町の生まれだったそうだ。

だが、十六の歳で実家を離れることになったのだという。

聞くと、自ら望んで家を出た訳でもないらしい。

「元々、俺はお袋の連れ子だったんだ。でも、お袋が再婚してから暫くは、家族仲も良かったんだよ……それがなぜか、十六になった途端、俺だけ家族から嫌われてね」

特に、四つ上の義兄の豹変ぶりは凄まじかったという。

それまで優しかった義兄が、突然、訳もなく暴力を振るうようになったのである。

理由は、いまだにわからない。

漁師だった義父の家は裕福でもなく、財産や跡目を争う必要はなかった。

また、どういうことか他の家族も、義兄の暴力を止めなかったという。

そのことに深く傷ついた三浦さんは、(もう、こんな家にはいられない)と決断し、単身で東京の下町に移り住んだのである。

「転がり込むようにして、住み込みの工場で働かせて貰ったんだ。集団就職の時代だったし、仕事は見つけ易かったな。当時は生きるため、がむしゃらに働いたよ」


東京で暮らし始めて、五年ほどが過ぎたある日のこと。

新宿に用事があったので、大久保の駅で電車を降りて、ホームの階段を下った。

すると、——階段の途中で、背後に強い気配を感じた。

そのとき、なぜか三浦さんは振り返りもせずに、ただ身を屈めたのだという。

どうして無意識にそんな反応ができたのかは、自分でもよくわからない。

体が自然と、そう動いたのである。

と、次の瞬間、耳のすぐ傍を〈バタバタ〉と鳥の羽ばたくような音が掠めていった。

――見ると、男性が階段を転がり落ちていく最中だった。

最後に〈ガンッ！〉と階下から嫌な音が響いて、通行人が悲鳴を上げた。

「何が起こったのか、すぐには理解できなくてね。もちろん、俺が何かをしたって訳じゃないけど……でも、階段を落ちていった男は、ピクリとも動いていなかったよ」

男性が救急搬送されて行くまで、さほど時間は掛からなかったという。

その間、三浦さんはその男性の傍らで、呆然と成り行きを見詰めるだけだった。

「その後、駅員室で警官に調書を取られたんだが、俺は見たままを伝えただけだったよ……まぁ、駅の中には目撃者が沢山いたしさ」

多くの目撃者が「男性がひとりで転んだように見えた」と、証言してくれたらしい。

そのため、事情聴取は短時間で終わったが、翌日、警察から電話があった。

転落した男性の身元が判明したので、心当たりがないか聞きたいとのことだった。

――男性は、三浦さんの実家近くにある、工務店の跡取り息子だった。

本人との面識はなかったが、近所に工務店があったことは三浦さんも覚えていた。

が、三浦さんは電話口で冷静に、「知らない」とだけ答えておいた。

変に疑われては面倒なので、白を切り通したのである。

電話の最後、三浦さんが男性の容体を問うと、「昨晩、亡くなった」と言われた。

「でも、その件はそれっきりになったよ。住所を東京に移していたし、警察も実家までは調べなかったろうから……まぁ、ただの偶然だと思ったしね」

それから、数ヵ月後。
夕方、仕事帰りに銭湯へ寄り、ぶらぶらと下町を漫ろ歩いていたときのこと。
夕焼けに染まる町並みを眺めながら、急峻な坂道を下っていると――
背後に、嫌な気配を感じた。
そのときも三浦さんは、反射的にその場に屈んだのだという。
すると、今度も背後から人が転がり落ちていった。
慌てて坂の下まで駆け寄ったが、ひと目で〈助からない〉とわかった。
その男の首が、妙な方向に捻れ曲がっていたからだ。
そして、もうひとつ嫌なことに気がついた。
――倒れている男性の顔に、見覚えがあったのだ。
実家の近所に住んでいた、同じ高校出身のTという男性だった。
学年が違うので親しくはなかったが、名前と顔は明瞭に覚えていた。
「さすがに、二度も同じことが起こるなんて……偶然とは思えなくてさ。ふたりとも同郷で、実家のすぐ近くに住んでいた奴らなんだよ」

そのとき三浦さんは、倒れている男性を放って、事故現場から立ち去ることにした。単純に、あらぬ疑いを抱かれるのが嫌だったのである。

その後、幸いなことに、警察から事情を聞かれるようなことはなかったという。

だが、その頃から三浦さんの周囲で、気掛かりなことが起こるようになった。

「街を歩いていると、見覚えのある奴らに出くわすんだよ。それがどうも、故郷で見たことのある顔ばかりでさ……どうやら、向こうも俺のことを覚えているようで」

街角の物陰から、じっと三浦さんのことを見詰めてくるのだという。

そんなことが何度も続くと、さすがに気味が悪くなった。

——ある日、アパートの窓から外を見ると、道路に複数の人影がうろついていた。

どれも、故郷で見知った顔だった。

そのとき、三浦さんは東京から離れる決心をしたのだという。

「それからは、色んな土地を転々としたよ。大阪に五年ほど住んで、次は広島。沖縄にいたこともあったかな……長く暮らすと、どういう訳か同郷の奴らに出くわしてね」

その度に、彼は逃げるようにして別の土地に引っ越したそうだ。

根拠はないが、どうも彼らに殺意を抱かれているように思えたからである。

だが、五十歳を過ぎた辺りから、そうしたことはめっきりと起こらなくなった。

そして現在、三浦さんは地元の漁師町に戻り、平穏に暮らしているのだという。

高齢となり、故郷への里心が抑えきれなくなったのである。

実家があった場所には別の家が建っており、家族がどうなったかはわからなかった。

地元に住む人々の顔ぶれも、すっかり変わっていたからだ。

それだけの長い年月、三浦さんは地元に戻らなかったのである。

「ただ、最近ちょっと、気になることがあってさ……いま住んでいるアパートの周りを、時々近所の連中がうろついていやがるんだよ。それが、何となく気味悪くてさ」

――故郷に戻ったのは、不味かったのかもな。

最後にそう言うと、三浦さんは居酒屋を出て行った。

後日、もう一度詳しく話を伺おうと思い、三浦さんの携帯に電話を掛けてみた。

だが、教えて貰った電話番号は不通で、何の役にも立たなかった。

それっきり、三浦さんの消息はわからない。

木瓜業

先日、都内のカラオケ店でアルバイトをする中西君に、取材をさせて貰った。

なんでも彼は、実家のある茨城から上京して、すでに三年目になるのだという。

「元々、僕は東京で暮らしたいなんて、これっぽっちも考えていなかったんですよ。ただ、実家でちょっと嫌なことがあって……もし良ければ、聞いて貰えますか？」

そう言うと、中西君は神妙な面持ちでこんな話をしてくれた。


「うちの実家って、過疎地って言っていいくらいの田舎にあるんですね。近くに二軒農家があるだけで、周りには畑しかなくって」

それでも中西君に言わせると、概ね生活には不便さを感じなかったらしい。

遠距離だが通学は可能で、電車に乗れば繁華街に行って友達と遊ぶこともできた。

近頃はネットの通販があるので、買い物に困ったこともない。

そんな訳で、中西君はそれなりに過不足のない生活を過ごせていたのである。

高校三年生のときの、ある晩のこと。

夕飯を済ませた彼は、自分の部屋で暇を持て余していた。

「その日はたまたま、スマホを修理に出していたんです。いつもなら動画を見たり、友達とラインをしていたりするのですが」

時計の針は夜九時を回っており、すでに家の中はしんと静まり返っている。

兼業農家を営む彼の家では、両親が就寝するのは早いのである。

(やることもないし……そろそろ、寝ようか)

室内灯を消して、畳に敷いた布団に横になった。

いつもより幾分早い就寝になるが、眠れないこともなさそうである。

目を瞑《つむ》り、眠りに落ちるのを待っていると——

何となく、外が騒がしいように感じた。

微かだが、ざわざわとした人いきれが伝わってくるのだ。

(何だろう?)とカーテンを捲ると、外に複数の人影が見えた。

中西君の家には塀がなく、所有する畑と建屋の間には砂利道が通っている。

その砂利道と畑の際に、二十人前後の人影がうろうろと屯しているようなのだ。

もっとも、家の周りに外灯はない。

外でうろつく人影は、月明かりに薄っすら輪郭が浮かぶだけである。

「最初のうちはソシャゲとか、その手の奴かなって思ったんです。ほら、たまに街中でポ○モンとか、集めている人たちがいるじゃないですか」

だがよく見ると、そうでもないらしい。

家の周りにいる人々は、誰もスマホの画面を点灯させていないのだ。

それどころか、懐中電灯の明かりさえ、どこにも見当たらないのである。

――あの人たち、何か変だ。

そう思った瞬間、中西君は無性に怖くなった。

得体の知れない人影に、不穏さを感じ取ったのだ。

(親父を起こしたほうがいい……)

彼は両親の寝室に行くと、眠っている父親の肩を揺らした。

「ん……隆志、どうした?」

父親は眠そうな声を出しながらも、起きてくれた。

中西君が状況を説明すると、「変だな。何かあったか?」と怪訝な表情をする。

室内灯は点けずに、早速、父親がリビングのサッシ窓から外の様子を窺い始めた。

事と次第によっては、警察に通報することになるのかもしれない。

「……暗いけど、見えるでしょ。外に人が沢山いるよね?」

中西君は、父親の背中に向かって声を掛けた。
が、父親は答えずに、窓の外を見詰めているばかりである。
余程気になるのか、身じろぎもしないで見入っているようだ。
「なぁ、変だろ？　早く警察に電話したほうがいいんじゃないか？」
少し焦れてきた中西君が、再び父親に問い掛けた。
『ん――――、だいじょうぶだぁ。たぁかしぃ、おまえも、はやくねろぉ』
妙に間延びした口調で、父親が返事をした。
父親から初めて聞いた、人を小馬鹿にしたような声音だった。
振り向いた顔は表情が乏しく、まるで魂が抜けてしまったかのように虚ろである。
「えっ、親父？　何言ってんだよっ、外の連中が見えないのか？」
『いぃいから、いいから』
中西君が止めるのも聞かず、父親はそのまま寝室に戻ってしまった。
残された中西君は通報する訳にもいかず、外の様子を窺うことしかできなかった。
が、深夜二時を回った頃、人影はいつの間にかいなくなっていたという。
「で、翌朝に家の外を調べてみたんです。でも、畑の畝《うね》にはひとつも足跡が見当たりませんでした。てっきり、昨晩の人たちが踏み荒らしたと思っていたのですが……」

結局、あの人たちが何のために集まっていたのかは、わからず終いとなった。

だがひとつだけ、明確になったことがある。

あの晩を境目にして、父親の様子が変わってしまったのだ。

「理由はわかりませんが、あれ以来親父が妙にぼんやりして、口数が少なくなってしまったんです。それにですね……次第に、母の様子もおかしくなり始めて」

父親と同様に、母親も極端に無口になってしまった。

そのため昼夜の区別もなく、家の中が静まり返るようになった。

「ふたりとも、殆ど喋らないんですよ。普段の生活でも、ぼーっとした表情しか浮かべなくなってしまって。それで……もしかしたら、これは〈感染するもの〉なんじゃないかって……そう考えたら、もの凄く怖くなって」

中西君は高校卒業と同時に、仲の良かった先輩を頼って東京で働くことにした。

半ば家出のような形での、強引な上京だったという。

それから三年間、中西君は実家に戻っていない。

「でも、東京の生活はお金が掛かるから、本当は実家にいるほうが楽なんですけど……ただ、僕には絶対、実家に帰れない理由がありまして」

去年、公衆電話を使って、一度だけ実家に電話を掛けたことがある。

だが、通話状態になっても、聞こえるのは〈ザーッ〉というノイズ音だけ。

混線しているのかと思い、受話器を耳から離そうとして――

ノイズの中に『たかしぃ……』と呼ぶ、母親の声を聞いた。

その瞬間、怖くなって通話を切った。

電話を掛けてから、中西君はまだ、ひと言も喋っていなかったからである。

「それ以来、実家のことを考えるだけで、堪らなく怖くなるんです……だから多分、僕があの家に戻ることは、この先もないと思うんです」

寂しげに俯きながら、中西君は最後にそう呟いた。

知らない女

この話は筆者がここ数年、母親と交わした会話を文章に纏めたものである。


今年七十三歳になる私の母は、地元で民生委員をやっている。

民生委員というのは、地域福祉を目的とした非常勤の地方公務員のことだ。

そう言うと聞こえは良いのだが、実態は無給のボランティアのようなものである。

独居老人に支給の弁当を持っていき、話し相手を務めることが、主な活動らしい。

その母から相談の電話があったのは、一昨年の初秋のことだった。

「この間、お弁当を持っていったら、担当している横山さんから変な頼みごとをされたのよ……それで私、どうしたらいいか、わからなくて」

横山さんというのは、実家の近所に住んでいるお年寄りのことである。

彼女はだいぶ前に旦那さんを亡くし、その後は大きな一軒家で独居しているらしい。

息子さんがひとりいるそうだが、他県に離れて暮らしている。

ただ、地元の土地持ちの家系なため、生活に困窮している様子はないという。

その横山さんが、母にこんなことを頼んできたのである。

「家に女が来るの。知らない女。勝手にうちの中を歩き回って……出ていきなさいと言っているのに、出ていかないのよ。だから、警察を呼んでくれないかしら？」

横山さんが言うには、その女性は若く、二十歳くらいに見えるそうだ。

だが、若い容貌とは裏腹に、赤い紬《つむぎ》の着物を纏っているらしい。

気がつくと、その女は居間や廊下、台所をうろうろと歩き回っているのだという。

幾ら声を掛けても、女が返事をしたことはない。

「それで横山さん、『部屋から、物が盗まれる』って言うのよ。その女、泥棒だって。でも……こんな話で、本当に警察を呼んでもいいのかしらねぇ？」

電話口の向こうで、母が困惑した声を出している。

どうやら、母は泥棒云々《うんぬん》の話よりも、もっと別のことを疑っている様子だ。

無論、私が怪談を執筆していることは、母も知っている。

「いや……それって、単に年寄りが呆けているだけなんじゃないの？」

私は、思ったままを言葉にした。

「やっぱり、そうかしら……まぁ、あんたが言うなら、幽霊じゃないわよね」

聞くと横山さんは、私の母よりも七歳ほど年上らしい。

元々、気難しい人のようで、最近は特に猜疑心が強くなっている様子だという。

もっとも、日常生活に支障がある訳ではなく、普段の意思疎通にも問題はない。

ただ、長く接してきた中で、母が（おやっ）と思うこともあったらしい。

「普通にお話をしていると、急に怒り出すことが何度かあったのね。それに、近ごろは物忘れも酷くなっているみたいだし……」

年齢が近いせいか、母は殊の外、横山さんのことを心配しているようだ。

とにかくその場では、「暫く、様子を見たらどうか」と、助言するに留めておいた。


次に母親から相談の電話があったのは、昨年の初夏だった。

「横山さん……あんたが言っていた通り、痴呆が進んでいるみたい」

受話器の向こうで、母親が沈んだ声を出した。

聞くと、母は昨日、民生委員の仕事で横山さん宅を訪問したのだという。

「カードを盗まれたから、銀行に電話してくれないかしら？」

玄関に上がるや否や、横山さんからそんなことを頼まれた。

不審には思ったが、もしも盗まれたカードを不正使用されたら、一大事である。

慌てた母は、急いで地元の地方銀行に電話を入れた。

が、対応した担当者は「またですか？」と、うんざりした声で返事をした。
なんでもここ数日、横山さんが何度も銀行にやってくるのだという。
そして、「あんた、私のダイヤを盗んだでしょう⁉」と、窓口で怒声を上げるらしい。
聞いた話では、彼女はその銀行に相当な金額を預けているそうだ。
とはいえ、無暗にあらぬ疑いを掛けられては、銀行も堪ったものではない。
「解約なされるのは結構ですから、御親族の方とご来店頂けますかね？」
横山さんが正常な判断力を失っていると、その担当者は考えているようだ。
だからこそ、預金の解約手続きに近親者の同席を求めてきたのである。
民生委員では、担当する高齢者の家族や、親戚の連絡先を緊急連絡網に纏めている。
母はそれで調べて、早速横山さんの息子に電話を掛けてみた。
「そうですか、うちの母が……いや、お世話をお掛けして、申し訳ない」
息子さんは恐縮して答えたが、どこか心ここにあらずといった口調だった。
この先のことに思いを巡らし、暗澹《あんたん》たるものが胸中渦巻いているのかもしれない。
それでも彼は銀行の件も含めて、すべて自分が責任を持つと言ってくれた。
「だから、息子さんに任せたんだけど……横山さんも歳だし、もう仕方ないわよね」
少し寂しげに、母が言った。

その後も、母からの電話は続いた。

やはり横山さんの話題が多かったが、もはや相談というより経過報告に近かった。

——ある晩、横山さんから突然電話が掛かってきた。

聞くと、押し入れの中に、件の〈知らない女〉が蹲っているのだという。

「物を盗まれたら困るから、うちまで来てくれないかしら?」

そう請われたのが、夜の九時半である。

他県に住む息子さんを呼び出す訳にもいかず、他に頼れる人もいない。

仕方なく、母はその晩、父を伴って押し入れを覗きに行ってきたらしい。

また、別の晩には「いま、窓の前に女が立っている」と、実況中継さながらの電話が掛かってきたこともある。

そのときは深夜一時過ぎだったので、さすがに様子を見に行こうとは思わなかった。

だが、放っておくこともできず、母は電話口で横山さんを宥め続けたという。

受話器からは、時折「出ていけ」という怒鳴り声が聞こえてきたそうだ。

「横山さんが〈知らない女〉っていうのに向かって、怒鳴っているみたいなんだけど……でも、電話じゃ家の中の様子までは、わからないし……」

やがて横山さんが、「あの女、いなくなった」と言うまで、母は電話を切ることができなかったそうだ。

それから暫くして、横山さんの息子から電話があった。

先日、横山さんを都内の大きな病院に入院させたという、報告の電話だった。

治療で病気が治るまで、家には帰れないのだという。

ついに、このときが来たか——と、母は思った。

「息子さんから、レビー小体型認知症だって聞いたの。進行が早いから、その場で入院を決めたって。多分……横山さん、もう病院から帰ってこられないと思うわ」

レビー小体型認知症とは数種ある認知症のひとつで、症状には幻視が含まれている。

横山さんの不可解な言動も、幻覚が原因だとすればすべて説明がつく。

投薬による治療も可能な病気ではあるが、高齢者だと回復は難しいらしい。

その後、母は民生委員に関する話題を、あまり口にしなくなった。


そして、今年の年明けのことである。

「あんたっ！　あれ、やっとわかったよ」

少し興奮気味な声音で、母が電話を掛けてきた。

何事かと訊ねると、例の横山さんのことらしい。

「昨日ね、佐々木さんのところに弁当を持っていったの。ほら、私が担当している、お爺さんの。でね、そのときに横山さんのことを話したのよ。そしたらね……」

――ああ、その幽霊なら俺も見たよ。ありゃあ、横山さんのお袋さんだよ。

衒《てら》いのない口調で、佐々木さんが答えた。

彼がその幽霊を見掛けたのは、半年ほど前のこと。

偶々《たまたま》、横山さん宅の前を通り掛かったとき、窓辺に若い女性の姿を見たのだという。

その女は物憂げな表情で、外の景色をただ眺めている様子だった。

(変だな？　この家には、婆さんしか住んでいないはずだが……)

奇妙に感じ、目を凝らすと――

その女が纏《まと》っている着物の片袖が、ぺたんと平たくなっていることに気がついた。

瞬間、(――ああ、そう言えば)と思い出した。

いまから七十年も昔のこと、横山さんの母親が裏山の崖から転落死したのだという。

山菜採りでの事故死と伝えられたが、自殺の噂もあったらしい。

亡くなったとき、彼女が派手な赤い着物を纏っていたからである。

「そんな恰好で山菜採りを？」と、疑う人が多かったようだ。

また、転落の途中で引っ掛けたらしく、彼女の遺体には片腕が無かったという。

当時、少年だった佐々木さんは、それらのことを近所の大人から聞いていたそうだ。

「でもさぁ、きっと横山の婆さんは……呆けが来ちまったせいで、あの女が自分の母親だってこと、気づかなかったんじゃないかな」

そう言ったきり、佐々木さんは俯いて口を噤《つぐ》んでしまったという。

「だから横山さん、認知症は進んでいるのかもしれないけど、あの〈知らない女〉っていうのだけは、幻覚じゃなかったって……そのことが、やっとわかったのよ」

まるで、そこに微かな希望が残されているかのように、母親が声を弾ませている。

「ああ、そうかい……きっと、そうだろうね」

私は反論もせず、母の言葉をそのままに聞いた。

もちろん、横山さんが本当に幽霊を見ていたのだとしても、状況に変化などない。

彼女の認知症が進行していることに、違いはないのだ。

だが、敢えてそこには触れないことにした。

母親がそう思うのなら、それはそれで良いのである。

ゼラチン

古くからの友人の、上谷から聞いた話である。


以前、上谷が通っていた大学に、中野さんという同級生がいた。

引き籠りがちな上谷と違い、中野さんは運動好きで、活発な学生だったらしい。

互いに趣味の異なるふたりだったが、馬が合うというか、妙に仲が良かったそうだ。

「最近はつき合いがなくなったけど、中々面白い奴でね。夏はサーフィンに、オートバイ。冬はスキーってな感じで、年中アウトドアに繰り出すんだけどさ……アイツ、必ず事故をやって、怪我して帰ってくんだよ」

怪我の程度はその都度で異なったが、骨折や打撲が多いようだった。

しかも、そこそこの大怪我である。

そのため、上谷は何度か病院へ見舞いに行ったそうだ。

「でもアイツさ、病室行くと、いつもピンピンしてやがるんだよ。入院しても、大抵は二、三日で退院しちまうしさ」

中野さんは、怪我の後遺症を引きずる様子を見せなかったという。

それどころか、事故を起こした翌週に、遊びに出掛けたりしているのである。

どうにも怪我の回復が早過ぎるので、上谷は訝しく感じていたらしい。

そのため、上谷は「お前の怪我って、変じゃないか?」と訊ねてみたそうだ。

「そしたらアイツ、最初は胡麻化《ごまか》そうとしていたけど……急に真面目な顔つきになって、『俺の体、ちょっと特殊なんだ』って言い始めたんだ」

以下は、そのとき中野さんが上谷に語ったという話である。


中野さんが中学生だった頃のこと。

彼は中学校の卒業式前日に、顔面に怪我をした。

卒業式の予行演習中に友達と喧嘩になり、口元を拳で殴られたのである。

翌日が卒業式ということもあり、学校側は特に問題としなかったらしい。

が、殴られた中野さんは、上唇が紫色に腫れ上がってしまった。

「これじゃ、卒業式に出られない」

まるで水風船のように膨らんだ上唇に、中野さんは酷く落ち込んだという。

すると、孫の落胆ぶりを見かねた祖父が、中野さんを自室に呼び出した。

「まったく、仕方のない奴だ。しかし、その様で卒業式に出させるのも、可哀そうだからな……ただし、怪我を治してやるのは今回だけだぞ」

そう言うと祖父は、中野さんに敷布の上へ横たわるよう、指示をした。

が、祖父は医者でもなんでもない、ただの一般人である。

（一体、どうするつもりだろう……？）

中野さんは戸惑いながらも、祖父の言葉に従った。

すると、祖父は部屋にあるストーブの天板から、煮え立ったヤカンを持ち上げた。

〈シュッシュッ〉と、ヤカンの口から湯気が上がった。

「えっ、……じいちゃん、何するのっ？」

怖くなって起き上がろうとしたが、体を動かすことができなかった。

なぜか声も出せなくなり、悲鳴を上げることすらできない。

「少し痛いかもしれんが……我慢しろ」

そう言うと、祖父は焼けたヤカンを突き出して——

中野さんの鼻の下に、とくとくと熱湯を注いだ。

その瞬間、中野さんの顔の中心で〈じゅっ〉と、何かが爆《は》ぜるような音がした。

——すると今度は、祖父が懐から一本の剃刀《かみそり》を取り出した。

床屋で使われるような、折り畳み式の西洋剃刀だった。

祖父はその剃刀を中野さんの唇にあてがうと、ぞりぞりと撫で下ろした。

あまりの激痛に、意識が朦朧《もうろう》とする。

「……よしっ、もういいだろう」

そう言うと、祖父は中野さんの口元から剃刀を離した。

呆然とする中野さんの眼に、剃刀の刃が赤く光って見えた。

刃の先には、赤いゼラチン状のものがプルプルと揺れている。

すると祖父は、そのゼラチンを焼けたストーブの天板の上に落としたという。

〈ちゅん〉と微かな音を立て、ゼラチンは瞬時に溶けてしまった。

気がつくと中野さんは、いつの間にか体を自由に動かせるようになっていた。

慌てて唇を触ってみたが、痛みはなく、腫れも綺麗に引いていたという。

「中野の奴さ、初めは上唇を剃り落されたと思ったらしいんだ。でも、指で触っても火傷の痕はないし……完全に治っていたというんだよ」

驚いた中野さんは、一体自分に何をしたのかと、祖父に問うた。

だが祖父は、「あれは、滅多にやるものじゃない」と言い、口を噤んでしまった。

翌日、中野さんは無事に卒業式を迎えたが、祖父から受けた〈治療行為〉のことがずっと頭から離れなかったらしい。

その後、祖父は二度とあの治療法を、中野さんに施すことはなかったという。

だが、図らずも中野さんは、祖父の治療方法を自分で再現することになった。

高校三年生の二学期に、体育の授業で足を捻挫《ねんざ》してしまったのである。

大した怪我ではなかったが、歩くと痛みを感じた。

そこで中野さんは、その晩に湯船でゆっくり足首を揉んでみたのである。

多少でも痛みが和らげば良いと、思ってのことだった。

が、気がつくと指先が、ずぶずぶと自分の足首にめり込んでいた。

まるでそれは、木綿豆腐に指を差し込んでいるような感覚だったという。

「うわっ、なんだっ⁉」

慌てて中野さんが指を引き抜くと、指先に赤いゼラチン状のものが付着している。

それは、以前祖父が剃刀で削いだものと、同じに見えた。

（どうしよう？）と中野さんは悩んだが、当時すでに祖父は他界している。

仕方がないので、見様見まねでゼラチンをコンロで焼いてみることにした。

すると、一瞬でゼラチンは燃え上がり――

それと同時に、足首の痛みが嘘のように引いたのだという。

「それから中野は、自分の怪我を治せるようになったって言うんだよ。だからアイツ、怪我をする度に患部をお湯に浸けて、指でゼラチンを抜いているらしいんだ」

もちろん、その治療法が非常識であることは、中野さんも承知している。

どう考えても非科学的であり、あり得ない手法なのだ。

が、実際に上谷は、中野さんがかなりの短期間で退院するのを何度も見ている。

「ただなぁ……中野って端から見ていると、治るのも早いけど、怪我をする回数も異常に多いんだよ。まぁ、それも含めて、特殊な体質ってことかもしれないけど」

因《ちな》みに、中野さんが言うには「怪我は治せても、病気は治せない」とのことらしい。

風邪やインフルエンザなどの感染症に、この治療法は通用しないというのである。

「だからアイツ、コロナは怖いんじゃねえかな?」

鼻先で笑いながら、上谷が言った。

歯々孫々

山田さんのお父さんが亡くなったのは、一昨年の暮れのこと。

それに前後して、山田家ではちょっとした騒動が起こったという。

「亡くなる数日前のことなんだけど……親父が食事中に差し歯を飲み込んだって、騒いだんだよ。ってのもさ、その差し歯、だいぶ値の張る純金製だったらしくて」

お父さんは急いで飲食物を吐き出そうとしたが、叶わなかった。

そこで態々病院まで行き、レントゲンを撮って貰ったが、それも無駄に終わった。

飲み込んだはずの金歯が、X線に映らなかったのである。

「そんな訳はないっ！　まだ出しとらんから、体の中にあるはずだっ！」

お父さんは医師に食い下がったようだが、それでどうなるものでもない。

仕方なく、「新しい歯を作るか」と観念したところで、急逝してしまったのである。

とは言っても、お父さんの享年は八十七歳。

日本人の平均寿命からみても、十分長寿だったのである。

――問題は、お父さんの四十九日を迎える、前日に起こった。
山田さんには、今年九歳になるひとり息子がいる。
亡くなったお父さんにとっては初孫で、生前は大層に可愛がっていたそうだ。
その息子が「歯が取れた」と、山田さんに言うのである。
見ると、確かに息子の歯並びが欠けており、指先や口元が血で汚れている。
が、抜けた乳歯を息子から受け取って、ぎょっとした。
その歯が、金色に輝いていたからである。
水道で血を洗い、何度も確認してみたが、やはり普通の歯とは質感が違う。
どこからどう見ても、金歯なのである。
無論、息子に金を被せる歯科治療など施した覚えはない。
いずれ抜け落ちる乳歯に、高価な金を使う馬鹿などいないのである。
「どう考えても、意味がわからなくて……気味が悪いから、その金歯は捨てたよ」
苦虫を噛み潰したような表情で、山田さんは言った。
因みに、お父さんの差し歯と息子の乳歯は、どちらも〈側切歯〉だったらしい。

ブラックライト

「大学四年のときに、卒業旅行で沖縄に行ったんだよ。友達のひとりが沖縄の出身で、実家の空いている部屋に泊めてくれるって言われてね」

知人に紹介された野中さんは、とある地方の役所に勤める公務員だった。

聞くと彼は、過去に一度だけ奇妙な体験をしたことがあるという。

いまから、三十年以上も昔の話である。

野中さんが沖縄を訪れたのは、九月中旬を過ぎた時期だった。

家に泊めてくれる友達も含めて、四人での卒業旅行である。

季節が仲秋に変わっても、この時期の沖縄はまだ真夏のように暑い。

連日、彼らは海水浴に出掛けて、日没後は飲み歩いて遊んだ。

旅行三日目の、昼下がりのこと。

「今晩さ、近くのストリップ小屋に連れて行ってやるよ」

妙に大人びた口調で、沖縄出身の友達が誘ってきた。

先輩風を吹かしたような言い草に苦笑したが、断る理由はどこにもない。

聞けば、入場料はそれなりに高いが、払えない金額でもなかった。

さして反対意見もなく、その日の晩、ストリップ小屋へ行くことが決まった。

「ただ、俺はストリップなんてどこの土地でも同じだと思っていたから、場末の小さなバラックを想像していたんだよ。でも、実際に行ったら、結構立派な建物でさ」

派手に装飾された入場口を潜ると、場内は二十名ほどの観客で賑わっていた。

土地柄なのだろう、客の中には軍服姿の米兵が多く混じっている。

彩豊かなライトで照らされた舞台は広く、客席側には花道も施されていた。

すでに公演は始まっているようで、乳房を晒《さら》して踊る女性の姿が見えた。

米兵客を見込んでか、ストリップ嬢はブロンドの外国人女性が多いようだった。

「で、ここから先は、ちょっと下衆《げす》な話になるんだけど……そこの劇場、生本番まな板ショーっていうのをやっていてね。ダンスの後に、観客を舞台に上げていたんだ」

生本番まな板ショーとは、ストリップ嬢と観客との性交を見物させる興行である。

無論、法令違反の行為であり、現在では廃れて久しい。

だが当時は、地方のストリップ劇場でも盛んに行われていたようだ。

もっとも野中さんは、その舞台に参加したいとは思わなかった。

さすがに人前で性交を見せる度胸はなく、また彼自身あまりブロンドの女性が好みではなかったのである。

しかし、四人目のストリップ嬢が舞台に登場すると——野中さんは瞠目《どうもく》した。

そのストリップ嬢が、可愛らしい黒髪の女性だったからである。

衣裳も派手過ぎず、見た目も普通の若い娘っぽいところが、むしろ新鮮だった。

ただ、鼻筋の通った端正な顔立ちを見ると、ハーフの女性だったのかもしれない。

何れ《いず》にせよ、野中さんはそのストリップ嬢に強く惹かれたという。

有り体に言えば、好みのタイプだったのである。

が、そのストリップ嬢は清純そうな容貌とは裏腹に、大胆に衣裳を脱いでいった。

衣裳が宙に舞う度に、場内に客の歓声が乱れ飛ぶ。

——えっ、何だ、あれ？

彼女がすべての衣装を脱いだとき、野中さんは愕然とした。

なぜかストリップ嬢の内臓が、透けて見えたのだ。

まるでレントゲン写真のように、皮膚を透過して身体の内側が見えているのである。

両腕には無数の血管が透けており、胴体は臓物でぬらぬらと滑っていた。

ただ、どういう訳か、彼女の頭部と両脚だけは透けていない。

「最初はさ、よっぽど強いブラックライトを当てて、皮膚が透けているんじゃないかと疑ったんだよ。でも、X線でもあるまいし……そんな訳ないから」

何度も見返したが、間違いなく体から内臓が透けて見えていた。

あり得ないと思いつつも、「あの娘、何か変じゃないか?」と友達に聞いてみた。

だが、友達は質問の意味がわからないらしく、眉を顰《ひそ》めるだけだった。

と、そのとき唐突に、観客席から歓声が上がった。

見ると、ストリップ嬢が舞台の上でウイスキーをラッパ飲みにしていた。

どうやら、最前列の観客がボトルごと手渡したようだ。

その直後——さらに、奇妙な出来事が起こった。

彼女の内臓が〈ぱあっ〉と、赤く変色したのである。

酔って、体表面が色づいたのではない。

彼女の皮膚を透かして、赤い色が臓物全体に広がるのが見えたのだ。

「いまでも理屈はわからんよ。けど、単純に身体が透けていた訳でもないと思うんだ。だって、飲んだ酒が内臓全体に広がるなんて変だろ?」

続いて彼女は、舞台上で火のついた煙草を深く吸った。

すると今度は、彼女の内側が濃い灰色で染め直されていく。

野中さんは唖然としつつも、その異様な光景から目を離せなくなっていた。

やがて彼女がダンスを終えると、司会者が独特な口調でアナウンスを流し始めた。

どうやら、これから生本番まな板ショーが始まるらしい。

「……四、五人の客が参加を希望したかな。司会者が、そいつらにサイコロを振らせてさ。で、最後に勝ち残ったのが、米軍の若い兵士だったんだ」

その若い米兵を舞台に招き寄せると、ストリップ嬢が生本番の準備を始めた。

手を使い、舌と唇を使って、米兵を丁寧に愛撫したのである。

が、——駄目だった。

衆目を浴びて緊張したのか、米兵の白い陰茎がまったく反応しないのである。

そのうち観客からヤジが飛び始めると、慌てた様子で米兵は客席に下りていった。

諦めて逃げ出したのかと思ったが、どうも様子が違う。

若い米兵は客席で何かを口に含むと、再び舞台へ戻ってきたのだ。

そのとき、彼が何を飲み込んだのかは、わからない。

「でもさ……たまげたことに、あの米兵、勃起していたんだよ。それも外人なだけあって、すげえサイズでさ。けど……もっと、びっくりしたことがあって」

若い米兵の顔色が、グロテスクな青紫色に変化していたのである。

しかし、そのことを指摘する声は、どこからも上がらなかった。

そして再び、舞台上で生本番ショーが始まった。

手早く前戯を済ませると、騎乗位になったストリップ嬢が喘ぎ声を上げ始める。

それと同時に、上下する裸体の内側で内臓が生々しく揺れた。

やがて、米兵は体をビクンと痙攣させると、大喝するような声を上げた。

（もう、果てたのか）と、野中さんが眺めていると――

ストリップ嬢の下腹部から、真っ白な色がゆっくりと立ち昇るのが見えた。

まるで純白の光彩が、彼女の身体に染み込んでいくような、そんな光景だった。

そして、野中さんは（もう、十分だ）と思った。

「そこまで見ておいてなんだけど、どうにも吐き気がしてきてね。何だか、見ちゃいけないものを、見たような気がしてさ」

早めにストリップ小屋を出て、歩道の片隅で友達を待つことにした。

あと二十分もすれば、すべての公演が終わるはずである。

が、――それよりも先に、ひとりの米兵が劇場から出てくるのに気がついた。

先ほど舞台に上がっていた、あの若い兵士だった。

彼は周囲を見回すと、劇場の脇の路地へと入り込んでいった。

興味本位に路地裏を覗きにいくと、人の話し声が聞こえる。
驚いたことに、若い米兵があの黒髪のストリップ嬢と話し込んでいた。
会話の内容まではわからないが、逢引きをしている様子ではなさそうだ。
――そのとき米兵が、彼女に何か〈小さなもの〉を手渡したように見えた。
（何だろう？）と疑問を抱いたが、訊ねることなどできない。
数分後、劇場から出てきた友達と合流し、その晩は帰ることになった。

その二日後、野中さんたちは市内観光を行った。
繁華街で昼食を取った後、首里城を見学したのである。
城内を漫ろ歩き、建物内を見物して回った。
するとその途中、守礼門を抜けた先で人集《ひとだか》りができているのに気づいた。
見ると、どうやら道端で人が倒れているようだ。
「誰か、救急車を呼んでくれ！」と、叫び声が上がる。
人垣の隙間から覗くと、オレンジ色のスカートが見えた。
（倒れているのは、女の子か……）
どんな娘なのかと気になって、人垣をかき分けた。

——道端に倒れていたのは、あの黒髪のストリップ嬢だった。

しかも彼女の顔は、毒々しい青紫色に変色していたという。

生本番ショーで見た、あの若い米兵と同じ顔色だったのである。

「……あまりのことに、理解が追いつかなくてさ。何であの娘が、顔を紫色にして倒れているのかって。ただね、俺にはひとつだけ思い当たることがあって……」

あの晩、舞台に上った若い米兵のことである。

もしかしたらあの米兵は、興奮剤の類を彼女に手渡したのではないだろうか。

そして、彼女はそれを過剰に摂取し、中毒を起こしたのではないか？

「もちろん、そんなのは俺の憶測でしかないよ。その後すぐに、あの娘は救急車で運ばれていったし……警察に説明する訳にもいかなかったからさ」

翌日、首里城で人が亡くなったという記事を、沖縄の地元紙で見掛けた。

記事には死亡者の名前と年齢があるだけで、死因には触れられていなかったという。

結局、どうしてストリップ嬢が死んだのか——

そして、なぜ野中さんにだけ、彼女の身体が透けて見えていたのか。

その理由は、いまだにわからない。

残業の多い秘書室

「十年くらい前に勤めていた会社なんだけど、やたらと残業が多かったのね。だから、あの頃はいまみたいに、毎晩飲み歩くことなんてできなかったわ」

酔笑を交え、野沢さんが言った。

野沢さんとは、つい最近、馴染《なじ》みの居酒屋で飲み友達になったばかりである。聞くと彼女は、以前にとある会社で社長秘書をしていたのだという。

「でね、秘書だったとき、ちょっと気持ち悪いことがあったんだけど……聞きたい？」

そう言うと、彼女は返事を待たずに語り始めた。


当時、野沢さんが就職したのは、海外品の輸入代行を行う商社だった。

求人誌で見つけた募集に応募し、総務部の秘書課に採用されたのだという。

「でも、勤めてから知ったんだけど、その会社にはもうひとり、Aさんっていう社長秘書がいたのね。聞いたら、ずっと前から秘書課は、二人制でやっているんだって」

以前、勤めていた秘書が急に辞めてしまい、野沢さんはその補填《ほてん》人員だったらしい。

だが、そのことを聞いたとき、彼女は少なからず違和感を覚えた。

会社の規模から考えて、社長秘書がふたりも必要だとは思えなかったのである。

実際に働いてみると、その違和感はより強くなった。

仕事と言えるほどの仕事が、それほどは無かったからである。

「暇って訳じゃないけど、他の部署の人たちに比べると明らかに役割が少ないのね。まぁ、社長ひとりのスケジュールを、ふたりの秘書が管理するんだから当然よね」

だが、そんな状況であるにも関わらず、残業時間は長かったらしい。

と言うのも、社長が在社している間は、秘書は退勤できなかったからである。

そして、それとは別に秘書課には奇妙なルールがあった。

社長室に社長がいる間は、「秘書室を無人にするな」と厳命されていたのだ。

「秘書だから、社長より先に帰れないのは理解できるのね……でも、社長が在室中は、秘書室を空けるなっていうのは、意味が分からなくて」

野沢さんが働く秘書室は、廊下から入って社長室の手前にあった。

もちろん、社長への面会者の取り次ぎも、秘書の役割のひとつである。

が、「絶対、無人にするな」と念押しされるほど、面会が頻繁にある訳でもない。

――入社して半年ほど過ぎたある日、こんなことがあった。

Aさんが昼休みで外出中に、野沢さんはトイレへ行きたくなってしまったのだ。

社長はすでに昼食から戻っており、先ほどから社長室に在室している。

とは言え、〈ちょっと、トイレに〉と、社長に声を掛けるのも気が引けた。

そこで野沢さんは、社長に気づかれないよう、そっと秘書室を抜け出したのである。

だが、急いでトイレから戻ると、秘書室前の廊下に社長が立っていた。

「キミッ！　何で断りもなく、秘書室を空けるんだっ⁉」

憤怒の形相を浮かべた社長に、大声で怒鳴られた。

社長は、普段決して声を荒げたりはしない温和な人物である。

にも拘らず、野沢さんはかなり高圧的に社長から叱責を受けたのだという。

もっとも、彼女が持ち場を離れたのは、ほんの四、五分のこと。

「もちろん、すぐに謝ったんだけど……でも、そのときの社長の怒り方って、ちょっと尋常じゃなかったのね。私、何であんなに怒られたのか、理解できなくて」


ある日の仕事終わり、野沢さんは先輩のAさんから飲みに誘われた。

たまたま社長が早退し、その日は定時に退社することができたのである。

入社以来、初めてAさんと差し向かいで飲むことになったが、その場で野沢さんは仕事の不満を洗いざらいにぶちまけた。

特に先日社長から強く叱責されたことが、いまだ心に蟠《わだかま》っていたのである。

——あの社長室ってね、幽霊が出るらしいの。

含み笑いを浮かべながら、Ａさんが答えてくれた。

なんでも、幽霊は社長がひとりで社長室にいるときにだけ現れるらしい。

元々あった社長室を改装し、部屋の半分を秘書室に変えたのも、現在の社長である。

要するに、社長が秘書に妙なルールを強いているのは、彼が社長室で〈ひとりきり〉にならないための方便なのだと、Ａさんは言うのである。

もちろん、そんな説明で野沢さんが納得できるはずはなかった。

「子供じゃあるまいし、お化けが怖いからひとりで居たくないなんて、信じられる？　それこそ社長なんだから、社長室を別の場所に移したらいいって思うじゃない」

だが聞くと、そうもいかない事情があるらしい。

現在の社長は入り婿で、会社の実権は社長夫人が握っているのだという。

理由はわからないが、どうやらその夫人が社長室の移設に反対しているようなのだ。

「社内じゃ、公然の秘密なんだけど……他所《よそ》で喋っちゃ駄目よ」

自分のことを棚に上げ、潜めた声でＡさんが釘を刺した。

「でも、それから暫くは何もなかったのね。社長が仕事熱心だったせいで、毎晩残業が続いていたけど……まぁ、仕方ないって割り切っていたわ」

ある晩、野沢さんが残業していたときのこと。

その日、Aさんは私用で午後に早退し、秘書室には野沢さんしかいなかった。

知らぬ間に疲労が溜まり、パソコンを打つ手を一旦休めた。

ふと見ると、社長室にはまだ明りが灯っている。

社長室と秘書室との間は、薄い壁板の建材で仕切ってあった。

壁の中央に出入り口のドアがあり、その両脇には縦長の曇りガラスが填めてある。

そこから漏れる室内灯の明りで、社長の在室を知ることができるのだ。

ぼんやりと光る明かりの中、時折人影が揺れているのが見えた。

(あの社長……毎晩毎晩、遅くまで本当によく働くわ)

半ば呆れて、ため息を吐いたとき——

(……そんなはずはない)と、慄然《りつぜん》とした。

この日、社長は出張中であり、朝から出社していないことを思い出したのだ。

だからこそ、Aさんも早退することができたのである。

――いま、社長室に人がいる訳がない。

瞬時に状況を理解した野沢さんは、曇りガラスから視線を離せなくなった。

壁一枚で隔てられた社長室の中では、いまだに人影がゆるゆると揺れている。

引き伸ばしたゴムのように細長く、妙につるりとした輪郭の影に見えた。

すると突然、その影が〈ぐんっ！〉と濃くなった。

大きさも増し、曇りガラス越しにぼやけていた輪郭が鮮明に見え始めている。

（ドアに……こっちの部屋に、近づいているんだっ！）

そう思った瞬間、野沢さんは咄嗟に席から立ち上がった。

パソコンも室内灯もつけっぱなしだったが、かまっていられない。

――ここから、早く逃げなきゃ！

直感的に、あの人影に近づかれるのは危険だと察した。

秘書室から廊下へ逃げた直後、背後で〈ガチャッ〉とドアの開く音が聞こえた。

「それから二ヵ月くらい、我慢して勤めていたんだけど……やっぱり、気持ち悪かったから、辞めちゃったわ。まぁ、再就職には結構苦労したけど」

社長秘書を辞めてから一年ほど後に、Ａさんからメールを貰った。

お互いの近況報告を兼ねた、食事の誘いだった。

久しぶりに再会したAさんは、さばさばとした表情をしていた。

聞くと、先日Aさんもあの会社を辞めたばかりだという。

「……この間、社長が亡くなったのよ。それで、秘書課がいらなくなっちゃって」

Aさんの話では、明け方に秘書室で倒れていた社長を、警備員が発見したらしい。

だがその日、社長は定時に退社していたはずだと、Aさんは言った。

と言うことは、一旦退勤した社長が、夜中に再び社長室へ戻ったことになる。

しかし、なぜ彼がそんなことをしたのか、理由は誰にもわからなかった。

その後、暫くして社長夫人は、会社の経営権を他人に譲渡してしまったらしい。

「でも、ちょっと腑に落ちないのよね。あの奥さんって、社長室の移設にまで口を出していた人だったのに……随分あっさりと、手を引いちゃうんだって」

現在、そこの会社は社名を変更し、別の土地に社屋を移転している。

そのため、あの秘書室がどうなったのか、野沢さんは知らない。

時刻表

「鉄道オタクのジャンルに、スジ鉄ってのがあってね。時刻表を読んだり、ダイヤグラムを調べたりする趣味のことなんだけど、俺は子供の頃からスジ鉄でね」

友人の紹介で取材をした三橋さんは、都内に住む五十代半ばの男性だった。

聞くと、長い間、スジ鉄をやっているらしい。

彼が言うには、時刻表というのは奥が深く、幾ら読んでも飽きが来ないのだという。

そんな三橋さんが、過去に体験した出来事について聞かせてくれた。

いまから三十数年前、三橋さんが自宅から隣県の地方大学に通っていた頃のこと。

当時、彼は時刻表の〈間違い探し〉にハマっていた。

と言っても、雑誌の巻末にあるパズルゲームの話ではない。

時刻表の運行ダイヤの中から、記載が間違っている箇所を見つけ出すのである。

「時刻表ってさ、公式に発行されているモノだから、誤表記なんて無いと思うだろ？　でも、丁寧に見ていくと、結構おかしな部分が見つかるんだよ」

例えば、各駅停車しか停まらない駅に特急の発着時刻が載っていたり、停車予定の電車の記載が抜けていたりするらしい。

そういった誤表記を見つけることが、三橋さんの何よりの楽しみだったのである。

また、よほどの遠方でもない限り、誤表記を見つけた駅に〈本当に間違っているかどうか〉を確認に行っていたそうだ。

「それに何の意味があるのかって聞かれると困るんだけど、現地まで行かないと中途半端って言うか……時刻表が間違っていることを、証明できないからさ」

もっとも、間違いを明らかにしたところで、出版元に指摘をする訳ではない。

ひとりで喜んで、それでお終いである。

詰まるところ、オタク趣味なぞ、自己満足できればそれでいいのである。

大学一年の三学期、そんな彼に新しい友人ができた。

佐竹という名の、鉄道好きの男子学生だった。

「ある日、講義が終わって教室で時刻表を読んでいたらさ、『時刻表、好きなんだ?』って、いきなり声を掛けられてね。ちょっと驚いたけど、同じ学部には鉄オタなんていなかったし……趣味の話をするうちに、仲良くなってね」

それまで三橋さんは、佐竹さんとは面識がなかったという。

学部が違っていたので、同じ講座を受講する機会がなかったのかもしれない。

聞くと、佐竹さんも鉄道オタクの友達が持てず、趣味の会話に飢えていたらしい。

そのせいか、三橋さんが時刻表の間違い探しについて説明すると、強い興味を示してくれたという。

「実際さ、俺の趣味って本来のスジ鉄からも外れているし、他人に理解されなくてね。だから、認めてくれる友達がいるだけで嬉しくてさ」

ただ、佐竹さんと会話するのは大学内だけで、それ以外でつるんだことはない。

遊ぶ時間もないほどバイトが忙しいのだと、佐竹さんは言っていた。

それは、鉄道趣味に関する事柄でも同じだった。

「○○駅の時刻表が間違っているから、確かめに行ってみようぜ」

そう言って三橋さんが誘っても、「バイトがあるから」と素っ気なく断られたという。


季節が、晩春に差し掛かった頃のこと。

三橋さんが教室にいると、「凄いのを見つけた」と佐竹さんが駆け寄ってきた。

いつになく興奮した様子で、携えてきた時刻表を机に広げる。

「ほら、ここだよ、ここ。この駅に、おかしな発着時刻が載っているんだ」
彼が爪を立てた紙面には、北関東の内陸部を通るローカル線の駅名があった。
『○○駅』という名の、田舎駅である。
その駅名から横軸にページの右端まで辿ると、数字の書かれた枡に行き当たる。
そこには、「二一五」と書かれていた。
つまり、真夜中の「一時十五分」に、電車がこの駅に到着するのである。
だが奇妙なことに、その時刻表記の上下には、空欄を示す「…」が並んでいた。
そして、そこから八つの駅を遡ると「十一時二十五分」と記載されているのである。
「なあ、変だろ、この電車？　八駅も手前で終電になっているはずなのに」
言われてみれば、確かにそうである。
普通に考えれば、この電車は八つ手前の駅で運行を終えていなければならない。
しかし時刻表には、その二時間も後に『○○駅』へ停車すると表記されているのだ。
もちろん、真夜中にこんな田舎駅が操業している可能生は低い。
「凄いな。これって、滅茶苦茶なミスプリントだ」
三橋さんは自分の時刻表も確かめてみたが、やはり同じ誤表記が載っていた。
佐竹さんに先を越されて悔しいと思ったが、それよりも時刻表である。

ここまではっきりとした誤表記は、滅多に見つからないのだ。

「……三橋君さぁ。今度の週末、一緒にこの駅に行ってみないか？　本当にこの駅で『一時十五分』に電車が来るのかどうか、僕も確かめてみたいんだ」

バイトが休みなのか、初めて佐竹さんから遊びに誘われた。

三橋さんは、ふたつ返事で了解したという。

目的の駅へ行くために、三橋さんは父親から車を借りることにした。

普段、鉄道趣味の活動では電車を使っているが、今回はそうもいかない。

夜中に電車を使うと、帰宅ができなくなるからである。

途中、大学の隣町にあるアパートに立ち寄って、佐竹さんをピックアップした。

「で、その後、まっすぐ駅に直行したんだ。地図を見ながら、一時間くらい運転したかな。十一時のちょっと前に、目的の駅に到着してね」

ふたりは切符を買うと、早速、駅に入場した。

山の谷合に挟まれた田舎駅だが、改札には駅員が勤務していた。

ホームは山腹の傾斜に建てられており、駅舎から階段を上る構造になっている。

やがて最終電車のアナウンスが構内に響くと、三両編成の列車が到着した。

降りてくる乗客は、ひとりもいなかった。

その電車を見送ると、ふたりはホームの端にあるベンチの影に身を隠した。

ここからが、本番だった。

「俺たちの目的は、来るはずのない電車を確認することだからさ……まぁ、アナウンスでも終電って言っていたし、その時点で誤表記は確定している訳だけども」

暫くすると駅員がホームに現れたが、周囲を一望しただけで駅舎へ戻って行った。

ベンチの影に馬鹿な客が潜んでいるなどと、想像もしなかったことだろう。

その後、構内の照明が落とされると、三橋さんたちはベンチに腰を掛けた。

駅舎からホームが見通せない構造なので、駅員に見つかる心配はなさそうだった。

ふたりは黙ったまま、夜陰に沈んだ線路の先を眺め続けたという。

山の斜面を切り崩して通した線路は、上り方面で大きく山側にカーブしている。

「……そろそろ、時間じゃないか?」

腕時計を確認しながら、三橋さんが聞いた。

時刻表に書かれた時刻が迫ってきたが、電車が到来する気配はなさそうだ。

佐竹さんは暗闇を見詰めたまま、返事をしなかった。

「一時十五分まで待ったら、駅を出ようぜ。もう、駅員もいなくなってい……」

そこまで言い掛けて、「シッ！」と佐竹さんが言葉を遮った。
彼の視線は、上り方面へ向けられたままだ。
――山間に、微かに警笛の音が聞えた。
次いで、ざわざわと山林の枝葉が騒めく音。
それを掻き消すように、電車の走行音が甲高く響き始める。
やがて線路が、煌々と明るくなった。
「うそだろ……あの時刻表、間違いじゃなかったのか？」
眩い照明を灯した車両が、車輪を軋ませながらホームに滑り込んできた。
思わず三橋さんは、乗車口へと近づいた。
それと同時に自動ドアが開き、中からぞろぞろと乗客が降りてくる。
二十人ほど降車しただろうか、なぜか皆、ニコニコと朗らかに微笑んでいたという。
男性客が多かったが、中には若い女性客もいた。
三橋さんはその光景を暫く見詰めていたが、途中で（何かが変だ）と感じた。
はっきりとした理由はないが、どうにも腑に落ちないのである。
乗客たちは莞爾《かんじ》とした笑みを浮かべながら、ホームの階段を下りていった。
黙ったまま、その人たちを見送っていると――

〈ぐんっ！〉と、片腕を引かれた。
驚いて振り向くと、車両に乗り込んだ佐竹さんが腕を掴んでいた。
「乗ろうぜっ、この電車！　こんなチャンス、滅多にないからっ！」
彼の口元には、喜々とした笑みが浮かんでいる。
「なぁ、なぁ、なぁ？　切符も買ってあるんだし、乗らないと損だって」
〈ぐぐっ〉と、佐竹さんの腕に力が籠った。
「ふざけんなよっ、お前っ！　車、どうすんだよっ。あれ、親父の車だぞっ！」
父親の車を引き合いに出して、三橋さんは大声で怒鳴った。
強い怒気に呑まれ、佐竹さんが一瞬怯《ひる》む。
その隙に三橋さんは腕を掴み返すと、強引に佐竹さんを電車から引きずり下ろした。
直後、佐竹さんの背後で自動ドアが閉じた。
「あっ！」と声を漏らした佐竹さんが、恨めしそうに三橋さんを睨んだ。
だが、三橋さんは構わずに「さあ、帰るぞっ！」と駅舎に向かって歩き出した。
「咄嗟に親父の車を口実にしたけど……本当は恐かったんだよ、あの電車に乗るのが。
構内にアナウンスはなかったし、降りてきた乗客や、佐竹の様子も変だったからさ」
ホームの階段を下ると、駅舎に駅員の姿はなかった。

照明も落とされ、改札口にはチェーンが掛けられている。

改札を乗り越えて駅前に出た後も、周囲に人がいる気配を感じなかった。

だが、そのことを佐竹さんと話す気持ちは起こらない。

三橋さんは車を発進させると、アパートまで佐竹さんを送ってやった。

その間、彼はひと言も喋らなかったそうだ。


「それでね、その件があってから、大学内で佐竹をまったく見掛けなくなったんだよ……他の学生に聞いても、『そんな生徒は知らない』って言われるだけで」

大学の学生課に問い合わせてみたが、該当する生徒は在席していないと言われた。

納得ができず、三橋さんは次の休日、佐竹さんのアパートを訪ねてみた。

だが、それも無駄に終わった。

どの部屋にも佐竹さんの表札はなく、すべて違う名字が書いてあったのである。

結局、三橋さんはそれっきり佐竹さんと会えていない。

「だから、佐竹って男が一体何者だったのか、いまだにわからないんだ。ただ、あのときの時刻表に書かれていた時刻って、誰かが仕組んだ〈罠〉だったんじゃないかって……いまは、そんな風に思っているんだよ」

現在でも三橋さんは、時刻表を購読し続けている。

ちょっとやそっとの出来事では、スジ鉄はやめられないと言うのである。

ただ、時刻表に間違いを見つけても、駅まで確かめに行くことはなくなった。

「次も無事に帰って来られるなんて、保証は何処にもないから」

そう呟いて、三橋さんは口を噤んだ。

ほめそやし

　現在、介護職に就く加藤さんが、まだアルバイトで生計を立てていた頃の話だ。

「八年ほど昔の話になりますかね。当時、バイトで働いていた宅配会社から頼まれて、地方の配送センターで仕分け作業をやったんですよ」

　短期間に限定されたヘルプ要員で、働く日数は五日間。

　配送センターの最寄り駅まで電車で行き、そこから先は社用車が迎えに来てくれる。

　その、バイト初日の朝のこと。

　加藤さんは待ち合わせの時間より四十分ほど早い、七時半に駅に着いた。

　時間に余裕を持って家を出るのが、彼の流儀だった。

　ホームの階段を上って改札を抜け、待ち合わせ場所である西口の階段を下りた。

　が、駅の外は正面に駐車場があるだけで、時間を潰せそうな場所がない。

　ならばと、線路沿いに道路を少し歩いて踏切を渡ってみた。

　そのまま散策をしつつ、駅の東口側まで引き返してみたが、やはり何もなかった。

駅前にロータリー交差点があるだけで、コンビニすら見当たらないのだ。

「幾ら地方の駅とは言っても、いまどきこんな寂れた場所もあるのかって、逆に感心しましたよ。駅の利用客も殆ど見掛けないし、ロータリーにも車が走っていなくて」

見ると、駅構内の階段を下りた脇に待合室が設えられている。

六畳ほどの小さな休憩所で、古びたベンチが二脚、向かい合わせに置いてあった。

他に寄る辺も見当たらず、加藤さんはそこで時間を潰すことにした。

読みかけの文庫を鞄から取り出し、入り口側に向いてベンチに腰を掛ける。

長閑な朝のひとときに、ゆっくりと趣味の読書に浸るつもりだった。

が、暫し文庫を読み耽っていると、ふいに人の話し声が聞こえてきた。

「……ほんと、凄い人気なんですよ。うちのクラス全員が言ってますって」

「あら、そうなの？」

どうやら駅の近くで、若い男女が会話をしているらしい。

気になって窓から覗くと、ロータリー中央の円形地帯に人がいた。

花壇の傍に置かれたベンチに、学生服姿の男女がこちらに背を向けて座っている。

周辺が静かなせいか、ロータリーの道路ひとつ隔てた待合室にも声が届くようだ。

「ヨーコさん、すげえキレーじゃないですか。隠れファンも多いし」

「うふふ……嬉しいわ」
男子生徒が、頻《しき》りに女子生徒の気を引こうとしているようだ。
ただ、会話の内容を聞いていると、恋人同士という訳でもなさそうだ。
男子生徒が一方的に、女子生徒を誉めそやしているだけに聞こえるのである。
「その女の子なんですけど、だいぶ昔に聖子ちゃんカットってあったじゃないですか。
あんな感じの髪型だったんですよ。きっと、清楚な感じの娘なんだろうなって」
興味はあるが、さすがに正面に回り込んで顔を見に行く気もしない。
暫く様子を窺っていると、待ち合わせの時間が近づいていることに気がついた。
加藤さんは待合室を出ると、慌てて東口の階段を駆け上った。

翌日の朝も、加藤さんは階段脇の待合室で時間を潰した。
他に利用者のいない待合室は、恬淡とした空気に満ちている。
昨日と同じに、文庫の続きを読み耽《ふけ》っていると——
「ヨーコさんの話題になると、クラス中が盛り上がるんですよ。すげえ美人だって」
昨日聞いた誉めそやしの声が、再び待合室にまで流れてきた。
(またか)とロータリーに目を向けると、学生が三人、ベンチに腰を掛けている。

ふたりの男子生徒が、ひとりの女子生徒を真ん中に挟んでいるようだ。

「じゃあ、中川君のクラスはどうかしら？」と、女子生徒の声。

「もちろん、うちでも凄い人気ですよ。女子らも憧れているみたいだし」

「うふふ、そうなの？」

やはり男子生徒たちが、頻りに女子生徒を煽てているようだ。

が、それを聞いているうちに、加藤さんは段々と嫌悪感が募ってきた。

「アイツらの会話って、凄く耳障りなんですよ。男子生徒が、女の子に媚《こ》び諂《へつら》っているみたいで……虫唾《むしず》が走るって言うか」

お世辞を言われて、鼻を鳴らす女子生徒にも無性に腹が立った。

どれほどの美人かは知らないが、彼女の返事に奥ゆかしさは感じられない。

（あいつら、一体何なんだ？）

気にはなったが、待合室から眺めるだけでは、それ以上を知ることはできなかった。

その後も加藤さんは、連日、待合室で学生たちの会話を聞くことになった。

奇妙なことに、日を追うごとに男子生徒の人数は増えていったという。

「三日目が三人、次の日が四人って、男子生徒のほうだけ人数が増えていくんですよ……あれは一体何の集まりだろうって、ずっと不思議に思っていました」

五日目、男子生徒の人数は五人となった。

ベンチで座る男女三人の背後に、三人の男子学生が詰め寄っている。

「ほんとヨーコさん、ここらの学校の誰よりも美人だって、噂になっていますって」

「あっ、それ、俺も聞いたことある。すげえ素敵な娘がいるって」

「今度、俺、ファンクラブ作りますから」

ここまで世辞が過ぎると、苦笑いするしかない。

ただ、この日は金曜日で、仕分け作業のヘルプに来るのも最後である。

(これで、あの気持ち悪い奴らの姿も見納めだ)

そんなことを思いながら、加藤さんは東口の階段の前に移動した。

前日のバイト先で、最終日は待ち合わせ場所が変わると知らされていたのだ。

「仕事がひと段落したんで、昨日までとは違う場所にある配送センターに、回って欲しいと頼まれたんですよ。それで、駅の東口側で待ち合わせることになったんです」

聞くと最終日の仕事場は、線路を挟んで反対側の方向にあるらしい。

ロータリーの手前で待っていると、やがて社用車が踏切を渡ってくるのが見えた。

どうやら、昨日までと同じ社員が送ってくれるらしい。

「おはよう。今日は違う仕事場になるけど、しっかり頼むな」
助手席に乗り込んだ加藤さんに、バイト先の社員が励ましの言葉を掛けてくれた。
そして彼は、ロータリー交差点に沿って社用車を発進させた。
その瞬間、加藤さんは（あの娘の顔を見る、絶好のチャンスだ）と考えた。
あれほどもて囃される女の子の容姿は、如何ほどのものか？
俄然、興味が湧いたのである。
社用車はロータリー内を旋回し、ゆっくりと学生たちの正面へと回り込んでいった。
やがて女子生徒の顔が、運転席越しに見え始めた。
——老婆だった。
その女子生徒は頭髪が真っ白で、顔も皺《しわ》だらけの老女だったのである。
枝垂れ柳のように曲がったその身体は、いまにもベンチから転げ落ちそうに見えた。
どうやら、両手に握った白い杖だけが、辛うじて彼女を支えているようだ。
そんな年老いた容貌の老婆が、セーラー服を着ているのである。
一方、周りを囲む男子学生たちは、学生服に相応しい年頃のように見えた。
「えっ、えっ？　……あれって、どういう？」
想像していた姿とのギャップがあり過ぎて、加藤さんは酷く混乱した。

「おいっ、見るのやめろっ！　関わると死ぬぞっ！」

突然、運転中の社員が怒鳴り声を上げた。

驚いて彼の顔を見ると、表情に狼狽《ろうばい》の色が浮んでいる。

額には脂汗《あぶらあせ》が滲み、ハンドルを握る両手がわなわなと震えていた。

「そのとき、初めてゾッとしました。だって……社員さんが、明らかに怖がっていましたから。なので、あの婆さんのことを聞ける雰囲気ではなかったですね」

ただ、仕事場に着く直前に「あいつ、また出たのか」と、社員が呟くのを聞いた。

如何にも、忌々《いまいま》しげな口調だった。

「帰りは別の社員さんに駅まで送って貰ったんですけど、アイツらはいなくなっていました……でも、ああいうのって一体、何なんですかね？」

数ヵ月後、加藤さんはバイト生活から離れることにした。

苦心して取得した資格を使い、介護職で生きていこうと決心したからだった。

その後、あの地方の駅を訪れたことはない。

もちろん老婆の正体についても、わからないままである。

黒炎

先日、千葉にある食品加工場で課長職に就く、志麻さんに取材をさせて頂いた。

聞くと彼女は、いわゆる「見える人」なのだという。

「でも、たまに幽霊っぽいのが見えるくらいかな。ただ、ちょっと前に見た奴は、酷かったけど……まぁ、この話ってうちの会社じゃ話せないから、教えてあげるわ」

そう言うと、志麻さんは少し声の調子を低めて語り始めた。


いまから、五年ほど前のことである。

当時、食料品の加工ラインで、慶子さんという三十路の女性が働いていた。

彼女には結婚歴があり、幼いひとり娘を持つシングルマザーだった。

実家が工場に近いこともあり、仕事中は娘を両親に預けていたのだという。

そして彼女は、同じ会社の男性と不倫関係にあった。

「相手は石原っていう、六十過ぎの男でね。でも、石原には奥さんと、成人した息子がいたから……当然だけど、良くない噂にはなっていたわ」

だが、石原さんが重役だったせいか、社内で問題視されることはなかったようだ。ふたりの年齢差を考えると、石原さんは幾らかの〈小遣い銭〉を慶子さんに与えていたのではないかと、志麻さんは言う。

――が、それから二年ほどが過ぎた頃に、状況が変わった。

中途採用で入社した作業員が、慶子さんと交際を始めたのである。

橋本という名前の男で、年齢も彼女と近かった。

噂では、慶子さんを見初めた橋本さんが、猛烈にアプローチを掛けたらしい。

「そうなると、三角関係みたいになるわよね。でも、石原って会社の重役じゃない？ただじゃ済まないなって、思っていたのね」

だが、志麻さんの予想に反し、特に騒動は起こらなかった。

橋本さんが嫌がらせを受けている様子もなく、平穏な日々が過ぎていったという。

考えてみれば、石原さんもそれなりの年齢である。

痴情のもつれを表沙汰にするほど、無分別ではなかったようだ。

が、ふたりが交際を始めて半年も経たないうちに、新たな変化が訪れた。

慶子さんのお腹が、段々と膨れてきたのである。

「それって、どう見ても妊娠している体形だったのね。だけど、どうも計算が怪しいのよ。橋本が入社した時期から数えると、お腹が膨れ過ぎていて……」

——もしかしたら、本当は石原の子なのでは？

志麻さんが危惧したのは、そこである。

そのため、彼女は何度も橋本さんに「本当に認知して大丈夫？」と訊ねたという。

同僚の中には、もっと直截に「お前、騙されているぞ」と忠告する者もいた。

だが、橋本さんは彼女を信じ切っている様子で、話を聞こうともしない。

しまいには逆上し、「そんなに俺らが邪魔なら、こんな会社、辞めてやりますよ！」と、ふたり揃って退社してしまったという。

「その後すぐ、ふたりは結婚したみたいなのね。近くに住んでいる社員から聞いたんだけど、慶子の実家の表札に橋本の名前が書き足されていたらしいのよ」

一方で、慶子さんと不倫関係にあった石原さんに、目立った動きはなかった。

彼女との交際を諦めたのだろうと、志麻さんは当然のように考えていたという。

そして、一昨年のことである。

志麻さんが事務所前の廊下を歩いていると、建屋の玄関が何やら騒がしい。

見ると、慌てた様子の石原さんが、玄関に駆け込んでくるところだった。

（あれっ？　石原って今日、有給休暇を取っていたんじゃ……）

訝しく思い、目を凝らすと――信じられない状況になっていた。

石原さんが、真っ黒な炎を上げて燃えていたのだ。

黒い煙に、燻《いぶ》されているのではない。

めらめらと燃え上がる炎そのものが、黒いのである。

だがすぐに、燃えているのは石原さん自身ではないと気がついた。

靴を履き替えるときに、彼の背後に立つ人の姿が見えたのだ。

「私も色々なものを見たけど、あんなのは初めてよ……だって、黒く燃えて顔もわからない人間が、石原の真後ろにくっついて歩いているのよ」

が、すれ違った石原さんを目で追って――

漸く、理解した。

石原さんの背後で燃えているのは、橋本さんだった。

身体を左右に揺らして進む歩き方に、見覚えがあったのである。

「三、四年前の緊急連絡網はないかっ！　誰か、すぐに出してくれ！」

事務所に入るや否や、石原さんの声が聞こえた。

事務員たちに、黒く燃える橋本さんの姿は見えていないようだった。

「後で事務員に聞いたら、『橋本が、首を吊って死んだ』って、石原が騒いでいたみたいなの。それで、亡くなった橋本の携帯番号が、必要だと言っていたらしいわ」

志麻さんが聞いた限りでは、橋本さんの自殺の理由はわからなかった。

ただ、自殺する数ヵ月前、彼が離婚していたことだけは知ることができた。

表札から橋本の名字が消えているのを、家の近い社員が見ていたからである。

が、そのことが自殺の原因だったのかどうかは、わからない。

元々、複雑な事情のある婚姻だったのは、間違いがないからだ。

「でも……石原がまだ慶子と不倫を続けているってことは、それで見当がついたわ。でなきゃ、石原が橋本の携帯番号を知りたがる必要がないでしょ？　多分だけど、慶子は元亭主の携帯番号を、とっくに削除しちゃっていたんじゃないかしら」

慶子さんの元に、警察から身元確認の依頼があったことは、容易に想像ができる。

彼女はその際、元亭主の携帯番号を訊ねられたのではないだろうか？

そのため、石原さんに調査を依頼したのではないかと、志麻さんは言うのである。

もしかしたら、彼らはその日、逢引きをしていたのかもしれない。

「もちろん、そんなのは私の推測に過ぎないんだけど……でも、橋本が石原のことを恨んでいるのは間違いないのよ。だってあの子、いまでも石原にくっついているもの」

あるとき、志麻さんはこんな場面を目撃した。

事務所に座っている石原さんの耳元で、真っ黒に燃える橋本さんが、何事かを囁いていたのである。

気になって、傍まで近づいてみると――

『……許さない、許さない、許さない、許さない、許さない、許さない、許さない』

橋本さんが、延々と怨言を吐いていた。

「だからね、幽霊が見えて良いことなんて、何にもないのよ。もちろん、私に直接被害がある訳じゃないけど……でも最近、ちょっと気になることがあるのよね」

つい、先日のことである。

作業時間中に数人の従業員が、何やら話し込んでいるのを見掛けた。

注意しようと近づくと、彼らはこんなことを話している。

『さっき、また真っ黒な人が廊下を通らなかった?』

聞くと、どうやら複数の作業員が、その黒い人を目撃しているらしい。

――もしかしたら、皆にも少しずつ橋本が見え始めているんじゃないかしら?

志麻さんには、そのことがとても気掛かりなのだという。

そしてもうひとつ、気になっていることがある。
例の、石原さんの件である。
彼は近頃、目に見えて運気が落ちているようなのだ。
まず、慶子さんとの長年の不倫関係が、家族に露見してしまったらしい。
それが心労となったのか、彼は急激に老け込んでしまったという。
そして、更に追い打ちを掛けるように、大きな不幸が石原さんを襲った。
一流企業で働いていたひとり息子が、交通事故を起こしたのである。
命こそ助かったものの、長期間のリハビリが必要な怪我を負ったらしい。
それが原因で、息子さんは仕事を辞めることになったと聞いた。
ここ数ヵ月以内に、そんな出来事が立て続けに起こっているのである。
「きっと、あの人……近いうちに破滅するんじゃないかしら?」
眉根を寄せて、志麻さんが忌まわしげに呟いた。

そして、橋本さんは——
真っ黒に燃えながら、いまでも石原さんをつけ回している。

あとがき

この度は、本書『実話怪事記　怨み禍』をご購読頂き、誠に有難う御座います。怪談作家をやらせて頂いております、真白と申します。

思えば、一昨年の暮れに前作『実話怪事記　憑き髪』を上梓してから一年以上が過ぎましたが、この間、世の中は驚くほどに変化したものです。

ＴＶからコロナという言葉を聞かない日はなくなり、普段の生活でもマスクが手放せなくなってしまいました。外食には不安がつき纏い、最近では日常から飲み会という概念が消え失せてしまったような有様です。

所謂「コロナ禍」という奴の所為ですが、私自身、ここまで長引く厄介なものだとは、まったく予想をしておりませんでした。

お陰でこの一年、話の集め難いことったら、ありゃあしません。

なにせ、下手に体験者の方を街中にお呼び立てして、「感染させてしまいました」などということになったら、それこそ一大事です。

そのため、取材活動を見合わせた時期が長く続きました。

また、以前頻繁に参加していた怪談会も滅多に開かれなくなり、怪談そのものに触れる機会が減ってしまったようにも感じられます。

そういった状況への腹立たしさも含めて、本書のタイトルを「怨み禍」とさせて頂きましたが、楽しんで頂けましたでしょうか？

本作が読者の皆様にとって、日ごろの鬱憤をひと時でも忘れさせるものであればと、心より願ってやみません。


さて、いままで余りやらなかったことですが、今回は掲載した作品について、あとがきで少し説明をさせて頂こうかと思います。

まず、「青鬼」についてですが、この話は昨年に竹書房公式サイトの企画「新黄泉がたり黄泉つぎ」に、掲載させて頂いた話になります。正直なところ、別媒体で掲載した作品なので、本書に掲載することには些か躊躇いがありました。

ですが今回、作中に登場する妹さんに「青鬼　後日談」を取材させて頂けたことから、二話ともに掲載させて頂くことにしました。

私自身も、「青鬼」を執筆した当時には、まだ病気を抱えておられた妹さんから、後日に取材させて頂けるとは思っていなかったので、とても強く印象に残っております。

「すねこすり　猫の膝」ですが、怪談を集めていると偶に心霊写真が重要な要素となる話を聞かせて頂くことがあります。が、経験上、写真が廃棄されていたりする場合が多いようで、そのものズバリが見られることは稀なように感じます。

　そういった事情を鑑み、本話ではぜひ写真を掲載したい※と考えておりました。

ただ、書面に掲載すると画像が荒くなるので、少しばかり工夫をしております。

　ひとつ試しに、スマホで〈クリクリ〉とやって貰えればと存じます。

「ソーシャルディスタンス」、「渋り腹」では、コロナ禍の最中に起こった怪異な出来事を書かせて頂きました。実話怪談というジャンルは、ごく普通な日常生活を背景にして、〈怪異〉を表現するものだと思っております。そのため二〇二〇年以降の怪談においては、基礎となる日常の描写を合わせ変えていかなくてはなりません。

　そういった点に留意しつつ、この二話を執筆させて頂きました。

　まぁ、コロナ前の状態に戻ってくれるのが、一番有難いことではありますが。

　最後に掲載した「黒炎」についてですが、この話はある事情のために、私にとって非常に気持ちの悪い話になっております。現在進行形の話ではありますが、この先どうなるのかは、正直知りたくもないです。

※ P224に「すねこすり　猫の膝」の画像ページに飛ぶQRコードがあります。ぜひご覧ください。

これら話の他にも、幾つか説明をしたい話がありますが、この場では取り敢えずこれまでと致します。

では今回も、お世話になった方々へのお礼を。

快く取材を受けて頂きましたT社のN様、T社K工場のM様、料理店UのK様には、大変お世話になりました。

また、同じ会社で働くHさんにも、複数の話を聞かせて頂きました。

怪談会で既知を得たT様、古くからの友人のSにも、いつも沢山の話を教えて頂いております。

その他、大勢の方々のご厚意によって、本書は出来上がっております。

この場をお借りして、改めてお礼申し上げます。

最後に、読者の皆様に深くお礼を申し上げつつ、本書の締めとさせて頂きます。

二〇二一年四月一日　自宅にて

心霊写真特別公開！

怪談NEWS 記事にて
真白圭新刊『実話怪事記 怨み禍』
に収録した「すねこすり　猫の膝」の写真を公開!
https://kyofu.takeshobo.co.jp/news/shinkan/8063/

実話怪事記　怨み禍

2021年5月5日　初版第1刷発行

著者……………………………………………………………………………… 真白 圭
企画・編集 ………………………………………………………中西如（Studio DARA）
カバーデザイン ……………………………………………… 荻窪裕司（design clopper）

発行人………………………………………………………………………… 後藤明信
発行所………………………………………………………………… 株式会社 竹書房
〒102-0075　東京都千代田区三番町８－１　三番町東急ビル６F
email：info@takeshobo.co.jp
http://www.takeshobo.co.jp
印刷所……………………………………………………………… 中央精版印刷株式会社